Fingerfood

Lecker, schnell, für die Party und zwischendurch

Elisabeth Bangert

Fingerfood

Lecker, schnell, für die Party und zwischendurch

EDITION XXL

Inhalt

Ratgeber 10

Sandwiches, Wraps und Häppchen 14

Bruschettas, Minipizzen
     und Stangengebäck 32

Spieße 48

Schnecken, Rollen und Taschen 56

Muffins 74

Süßes 80

Vorwort

Es gibt mittlerweile kaum einen Empfang, eine Vernissage oder größere Party ohne Fingerfood. Auch bei privaten Anlässen werden die verführerischen Appetithäppchen immer beliebter. Denn ihre Vorteile liegen klar auf der Hand: Man kann sie prima vorbereiten und sich während der Feier ganz entspannt seinen Gästen widmen.

Fingerfood wird oft als die moderne Variante von Russischen Eiern, Lachsersatzschnittchen und Käsewürfeln bezeichnet. Aber es ist noch viel mehr: Auf dekorativen Platten und Tellern werden salzige und süße Kreationen der internationalen Küche, wie Bruschettas, Wraps, Minipizzen, Grissini oder Muffins, in mundgerechten Häppchen angeboten.

Was die Größe betrifft, so kann man sich getrost an die Beschreibung der Gebrüder Grimm in ihrem Deutschen Wörterbuch halten: „ ... soviel man mit einem Abbisse erfassen kann".

Wem diese Esskultur doch etwas befremdlich erscheint, den möchte ich daran erinnern, dass es nicht immer selbstverständlich war, mit Besteck zu essen. Die alten Römer aßen genussvoll mit den Fingern und als im Mittelalter der Gebrauch der Gabel aufkam, wetterte so mancher Geistliche gegen das „Werkzeug des Teufels". Denn man befand die menschlichen Finger als durchaus würdig, um mit ihnen Speisen, die Gaben Gottes, zu berühren.

Wenn Sie Gäste und Familie mit Fingerfood verwöhnen, können Sie ihnen also neben dem verlockenden Aussehen und dem köstlichen Geschmack auch noch ein haptisches Vergnügen bieten. Lassen Sie sich von den zahlreichen Rezepten inspirieren: Probieren Sie aus, variieren und dekorieren Sie nach Herzenslust! Ich wünsche Ihnen viel Spaß dabei!

Ihre

Elisabeth Bangert

Ratgeber

Locker und funktional

Fingerfood – hier darf, sollte oder muss sogar mit den Fingern gegessen werden. Also weg mit dem Besteck, vorher natürlich die Hände waschen – und dann dürfen Sie zugreifen! Bei vielen Anlässen wird das Essen durch Fingerfood leichter, unterhaltsamer, manchmal schlichtweg praktikabel und nicht zuletzt bunter und einfallsreicher. Außerdem wird das sinnliche Vergnügen neben einem Erlebnis für Geschmacks- und Geruchssinn so auch zu einem Tasterlebnis.

Welche Speisen und Zubereitungsarten gehören zum Fingerfood? Alles, was sich ohne Teller, Besteck und große Kleckerei mit einem Griff von der Hand in den Mund befördern lässt: in mundgerechte Stücke geschnittene oder bereits als Kleinteile gebackene Häppchen. Diese können geröstet oder schichtweise belegt und zuletzt garniert oder zur Geschmacksabrundung mit einer Olive, einer Kirsche oder ein paar gehackten Nüssen ergänzt werden. Es ist alles erlaubt: wickeln, aufspießen, ausstechen, überbacken … Ihrer Fantasie sind über die hier vorgestellten Rezepte hinaus keine Grenzen gesetzt!

Ihre Kinder werden Ihnen das unkomplizierte Angebot an bunten Spießchen, Wraps und herzhaften Muffins oder anderem Gebäck als Zwischendurchmahlzeit oder gar als kleiner Überraschungsgruß in der Brotdose danken. Für ältere Menschen, für die die Nahrungsaufnahme nicht immer ganz einfach ist, stellt diese mundgerechte Darbietung von Speisen oftmals eine echte Problemlösung dar. Und im modernen Familienalltag, in dem jeder zu einer anderen Zeit mit unterschiedlich großem Hunger nach Hause kommt, kann ein bereitstehender Teller mit Fingerfood-Köstlichkeiten dennoch einen gewissen Zusammenhalt bieten.

Auch beim Spiele- oder Fernsehabend, beim Picknick, als Überraschung für ein Frühstück am Bett oder als leichte Vorspeise für ein romantisches Essen zu zweit ist Fingerfood bestens geeignet. Mit der Herstellung bunter und wohlschmeckender Häppchen brauchen Sie also nicht bis zur nächsten Party, Familien- oder Betriebsfeier zu warten. Auch wenn dies natürlich die klassischen Gelegenheiten sind, Canapés, Knusperhäppchen und all die anderen kleinen Fingerfood-Köstlichkeiten anzubieten. Eine entspannte und lockere Gesprächsatmosphäre stellt sich dann von selbst ein und auch weniger gesellige Gäste kommen bald in Plauderlaune – denn Fingerfood braucht keine Tischordnung und das oft stundenlange Sitzen und Warten auf den nächsten Menügang ist hier kein Thema. Kein Wunder, dass Restaurants und Catering-Services mittlerweile versuchen, sich bei Angebot und Herstellung von Fingerfood zu überbieten.

Appetithäppchen mit Tradition

Fingerfood findet in der heutigen Zeit viel Anklang, hat aber bereits eine lange Tradition. **Bruschetta** beispielsweise gehört ursprünglich zu den italienischen Vorspeisen. In ihrer einfachsten Form wird hierbei Brot geröstet und in noch warmem Zustand mit Knoblauch gewürzt und mit Olivenöl eingerieben. Der Belag kann beliebig erweitert werden, z. B. mit klein geschnittenen Oliven, gehackten Tomaten, frischem Basilikum oder anderen frischen Kräutern.

Die **Focaccia** gilt als Vorläuferin der heute wesentlich bekannteren Pizza. Bereits die Etrusker bereiteten im Altertum ein Gebäck dieser Art zu, das die Römer übernahmen und Panis focacius (von lateinisch „focus" für „Herd") nannten. Der Teig wird, ähnlich dem Pizzateig, aus Weizenmehl, Wasser, Hefe, Salz und etwas Öl (am besten Olivenöl) hergestellt, aus dem nach längerem Gehenlassen kleine, nicht zu dünne Fladen geformt werden. Je nach Region gibt es verschiedene traditionelle Beläge für die Focaccia: einfach nur Olivenöl, Salz und Kräuter wie in Ligurien, mit Tomaten wie in der Region Emilia-Romagna oder mit Sardellen und roten Zwiebeln, wie es in der Maremma im Süden der Toscana üblich ist. Nach Lust und Laune lassen sich Foccacias als Zwischenmahlzeit oder auch als leicht transportierbarer Proviant herstellen.

Ratgeber 11

Ein wahres Multitalent bei der Herstellung von leckeren Häppchen ist **Toastbrot**. Man kann es ähnlich wie Wraps oder Yufkas verwenden. Ungetoastete Scheiben lassen sich mit dem Nudelholz elastisch und rollbar machen und können vor dem Aufwickeln mit einem leckeren Belag belegt oder bestrichen werden. Wenn man sie anschließend in dicke Scheiben schneidet und mit einem Holzspießchen zusammensteckt, erhält man einen schnell zubereiteten, leckeren und dekorativen Partysnack oder – am Stück gelassen – ein reizvolles Toaströllchen für die Pause.

Toastbrot ist auch das Ausgangsmaterial für das in Italien weit verbreitete **Tramezzino** (Verkleinerungsform von italienisch „tramezzo" für „dazwischen"). Genau betrachtet handelt es sich dabei um eine italienische Variante des Sandwiches. Das Toastbrot wird dafür in getoastetem oder ungetoastetem Zustand diagonal entzweigeschnitten und nach Wunsch belegt. Oft findet man auch mehrere solcher Toastdreiecke übereinandergelegt, jeweils getrennt durch eine Schicht Käse, Thunfisch, Eier, Mayonnaise, Salat

Auch die weltweit bekannte und beliebte **Pizza** reiht sich sowohl warm als auch kalt und in kleinem Format wunderbar in die Vielfalt des Fingerfood ein. Sprachgeschichtlich ist die Pizza italienischen Ursprungs (von langobardisch „bi´zzo" für „Bissen" oder „Happen", napoletanisch „piceà" oder „pizzà" für „zupfen"), in ihren Grundzügen als nach dem Belegen im Ofen gebackenes flaches Hefegebäck kann man sie jedoch nicht auf eine bestimmte Region festlegen. Ein Pizzateig ist schnell hergestellt und kann mit unzähligen Zutaten, die gerade im Haushalt verfügbar sind, belegt werden. Im Miniformat ausgerollt, lassen sich so Häppchen für zwischendurch herstellen, die den kleinen Hunger stillen und dabei jeden Gaumen erfreuen.

oder Gemüse. Auch hier können Sie sich etwas einfallen lassen, womit Sie den Geschmack Ihrer Lieben treffen oder sie überraschen.

Grundrezept für Pizzateig
350 g Mehl (Weizenmehl Typ 550)
25 g frische Hefe
250 ml lauwarmes Wasser
1 Prise Zucker
1 TL Salz
2 EL Olivenöl

1. Mehl in eine Schüssel geben und mit dem Salz vermischen.
2. Die Hefe in das lauwarme Wasser einbröseln, den Zucker dazugeben, unterrühren und auflösen. Dann ca. 10 Minuten stehen lassen.
3. Die Hefemischung mit dem Mehl vermengen und das Öl einarbeiten, bis ein geschmeidiger, glatter Teig entstanden ist.
4. Teig an einem warmen Ort ca. 40 Minuten zugedeckt gehen lassen, danach den Teig nochmals kräftig durchkneten. Dann können Sie den Teig für die Pizza weiterverarbeiten.

Den Tortillas recht ähnlich sind die **Yufkas**. Dieses ebenfalls sehr dünne Fladenbrot kommt ursprünglich aus der Türkei, ist aber gleichfalls in Griechenland beheimatet (und wird dort Fyllo, „Blatt", genannt) und hat als Malsouka nordafrikanische Wurzeln. Yufka besteht aus dünn ausgerolltem Blätterteig, der im Ofen gebacken wird. Zutaten sind Weizenmehl, Wasser und Salz, in manchen Rezepten werden auch Hefe und Öl zugefügt. Yufkas sind in der Zwischenzeit in Supermärkten und natürlich auch in türkischen Lebensmittelläden erhältlich. Als Yufka-Füllung eignen sich alle Lebensmittel, die auch zur Herstellung von Wraps geeignet sind. Auch hier können Sie Ihrer Kreativität natürlich freien Lauf lassen.

Mit **Wraps** (von englisch „to wrap" für „wickeln" oder „einwickeln") sind dünne Fladenbrote gemeint, die gefüllt und dann aufgewickelt werden. Ursprünglich stammen Wraps aus der texanisch-mexikanischen Küche und bestehen meistens aus **Tortillas**, einem mexikanischen Fladenbrot, das man nicht verwechseln darf mit dem spanischen Omelett, das den gleichen Namen trägt. Echte Tortillas werden aus Masa Harina hergestellt, einem früher in komplizierter und langwieriger Handarbeit gewonnenen Maismehl, dessen Herstellung bereits 1500 v. Chr. im Süden des heutigen Mexiko nachgewiesen ist. Masa Harina ist ein besonders bekömmliches und wertvolles Mehl, das mittlerweile industriell hergestellt wird und auch in Europa erhältlich ist. Fertige Tortillas (sie sind teilweise auch aus Weizenmehl oder einem Gemisch aus Weizenmehl und Masa Harina) werden in Supermärkten angeboten. Man kann sie aber auch selbst herstellen. Im Hinblick auf die Füllung sind Ihrer Fantasie keine Grenzen gesetzt: Ob warm oder kalt, aus Salat, geraspeltem, geschnittenem, gegartem oder rohem Gemüse, ob mit Hülsenfrüchten, mit Käse, Schinken, Wurst, gebratenem Fleisch oder cremigen Aufstrichen … Ein Blick in Kühlschrank oder Speisekammer kann Sie zu einer leckeren Wrap- oder Tortillafüllung anregen. Tortillas eignen sich auch hervorragend zur kreativen Resteverwertung.

Werkzeug und nützliches Zubehör

- **Ausstechförmchen:** Sollten nicht nur in der Weihnachtszeit zum Plätzchenbacken griffbereit sein. Auch Käsegebäck für zwischendurch lässt sich damit herstellen. Herzen, verschiedene Tiere oder Buchstaben, aus Vollkornbrot, Toastbrot, Käse oder Wurst ausgestochen, peppen Ihre Fingerfood-Kreationen auf. Besonders den Kleinen wird das viel Freude bereiten!

- **Muffinförmchen und Papierförmchen:** Darin lassen sich nicht nur süße, sondern auch salzige kleine Kuchen backen.

- **Nudelholz:** Damit kann man eine Toastbrotscheibe ganz schnell in einen kleinen Wrap verwandeln. Einfach ein paar Mal mit dem Nudelholz über das Toastbrot rollen, und schon lässt es sich ganz leicht aufrollen.

- **Spritzbeutel:** Ein sinnvolles Werkzeug, um cremige Füllungen in ausgehöhlte Tomaten, Gurkenstücke o. Ä. zu spritzen. Mit einer Ziertülle versehen, lassen sich damit ganz leicht verführerische Kunstwerke zaubern.

Grundrezept für Tortillateig
100 g Weizenvollkornmehl, 300 g Weizenmehl
60 ml Öl, 1 TL Salz, lauwarmes Wasser

1. Mehl mit Öl und Salz in einer Schüssel vermischen. Langsam Wasser zugießen und zu einem festen Teig verkneten. Teig danach mindestens 30 Minuten ruhen lassen.
2. Teig in 16 gleichgroße Stücke teilen und zu Kugeln formen, die auf einer bemehlten Arbeitsfläche flach gedrückt und 3 mm dick ausgerollt werden. Fladen immer wenden.
3. Pfanne dünn mit Öl ausstreichen und heiß werden lassen. Fladen darin kurz backen. Sobald auf der Teigoberfläche kleine braune Pünktchen zu sehen sind, Fladen wenden und auf der anderen Seite backen.

- **Verschiedene Schüsselchen:** Zum Servieren von Dips. Aber auch ausgehöhlte Gemüse (Hokkaido oder andere nicht zu große Kürbisse, Zucchini, Gurke) oder Früchte (Papaya, Grapefruit, Orange) sorgen als originelle Behältnisse für reizvolle Abwechslung.

- **Holzspießchen oder Schaschlikspieße:** Sind unerlässlich zum Herstellen von Frucht- oder Käsespießchen. Sie können Ihre Spießkreationen auch auf einer Frucht (z. B. Ananas oder Melone) anordnen. Auch zum Fixieren und Verschließen von Röllchen und essbaren Päckchen sind Holzspießchen unabdingbare Hilfsmittel. Eine fatasievolle Abwechslung sind Zitronengras, Zimtstangen oder Rosmarinzweige, auf die verschiedene Zutaten aufgesteckt und dadurch gleichzeitig gewürzt werden können.

- **Partyspießchen:** Eignen sich zur leichteren Handhabung von kleinen Häppchen, insbesondere wenn diese fettig oder cremig sind. Ansonsten bringen sie – je nach Farbe oder Form – eine bunte oder fantasievolle Note auf Ihre Fingerfood-Platte.

Tortilla-Wraps mit Rindfleisch-Gemüse-Füllung

Zutaten für 4 Personen:

400 g Rindfleisch, z. B. Rumpsteak
300 ml Rotwein
2 TL Honig
1 Knoblauchzehe
1 TL scharfer Senf
2 TL Chilipulver, z. B. von Ostmann
5 EL Speiseöl
1 rote Zwiebel
je 1 rote und gelbe Paprikaschote
1 Zucchini
8 Weizentortillas (aus der Packung)
8 EL saure Sahne
frischer Koriander, gehackt
Salz
weißer Pfeffer, gemahlen

Zubereitung:

1. Das Rindfleisch unter fließend kaltem Wasser abwaschen und mit Küchenkrepp trocken tupfen. In dünne Streifen schneiden und in eine flache Form geben.

2. Rotwein und Honig in einem kleinen Topf erwärmen und gut verrühren. Knoblauch abziehen, zerdrücken, mit Senf, 1 ½ TL Chilipulver und 3 EL Öl unter den Rotwein rühren. Die Mischung über das Rindfleisch in der Form gießen und das Fleisch darin ca. 1 Stunde marinieren lassen.

3. Zwiebel abziehen und in feine Streifen schneiden. Paprikaschoten halbieren und putzen. Paprika und Zucchini waschen, trocknen und alles in feine Streifen schneiden. Gemüse ca. 3–4 Minuten in etwas Öl andünsten, salzen, pfeffern, mit dem restlichen Chilipulver würzen, herausnehmen und beiseitestellen.

4. Das Fleisch aus der Marinade nehmen und abtropfen lassen, die Marinade aufbewahren. In einer zweiten Pfanne das übrige Öl erhitzen und das Fleisch darin 2–3 Minuten braten. Dann 3–4 EL der Marinade und das Gemüse dazugeben, unter Rühren kurz weitergaren.

5. Die Weizentortillas nach Packungsanweisung erwärmen, die Rindfleischmischung darauf verteilen. Die Tortillas zu Tüten drehen und die Füllungen mit einem Klecks saure Sahne garnieren. Nach Belieben mit Koriander bestreuen.

Sandwich-Türmchen

Zutaten für 16 Stück:

8 Scheiben Toastbrot
Margarine, z. B. von Lätta
4 Kopfsalatblätter
¼ Salatgurke
einige Dillstiele
180 g geräucherter Lachs in Scheiben
4 TL Dijon-Senfcreme
Salz
Pfeffer, frisch gemahlen

evtl. Holzspießchen

Zubereitung:

1. Die Toastbrotscheiben leicht toasten und die Rinde abschneiden. Auskühlen lassen. 4 Scheiben mit Margarine bestreichen und jeweils in 4 gleich große quadratische Stücke schneiden.

2. Die Salatblätter waschen, trocknen und zerpflücken. Die 16 vorbereiteten Toastquadrate mit Kopfsalat belegen.

3. Die Gurke waschen und in dünne Scheiben schneiden. Mit etwas Salz und Pfeffer würzen und mit den gewaschenen Dillstielen belegen.

4. Die gewürzten Gurkenscheiben auf den Salat legen. Darauf den Lachs geben und mit der Senfcreme bestreichen. Auch die restlichen 4 Toastscheiben jeweils in 4 gleich große quadratische Stücke schneiden und damit die bereits belegten Quadrate zudecken.

5. Etwas zusammendrücken und nach Belieben mit Holzspießchen feststecken.

Sandwiches, Wraps und Häppchen

Leichte Käse-Röllchen

Zutaten für 4 Personen:

3 EL Ricotta-Käse
1 EL Joghurt
etwas Zitronensaft
etwas Pfeffersauce
½ Beet Kresse
ca. 8 Scheiben Käse, z. B. Leerdammer Lightlife®
Salz

Zubereitung:

1. Den Ricotta-Käse mit Joghurt und Zitronensaft verrühren, mit Salz und Pfeffersoße abschmecken. Kresse waschen und trocken schütteln, Blätter abzupfen, kleinhacken und dann unterrühren.

2. Die Käse-Scheiben zu Tüten formen, mit der Ricotta-Creme füllen und nach Wunsch mit kleinen Spießchen oder Schnittlauchhalmen zusammenhalten. Nach Belieben mit frischen Kräutern garnieren.

Käse-Wraps

Zutaten für 4 Personen:

½ kleiner Eisbergsalat
1 kleine Dose Mais (425 ml)
½ Salatgurke
200 g Erdbeeren
200 g Käse, z. B. Leerdammer Caractère®

Für das Dressing:
200 g Crème fraîche
1 TL Honig
1 TL mittelscharfer Senf
2 EL Schnittlauchröllchen
8 Tortillafladen (aus der Packung)
Salz
Pfeffer, frisch gemahlen

Zubereitung:

1. Den Eisbergsalat putzen, waschen, trocknen und in Streifen schneiden. Den Mais abtropfen lassen, die Salatgurke waschen, der Länge nach halbieren und in Scheiben schneiden. Die Erdbeeren putzen, waschen und vierteln. Den Käse in Streifen schneiden.

2. Die Crème fraîche mit dem Honig und dem Senf verrühren. Die Schnittlauchröllchen dazugeben und alles mit Salz und Pfeffer abschmecken.

3. Die Tortillafladen im Backofen erwärmen, dann mit dem Gemüse füllen, zu Tüten wickeln und mit den Zahnstochern zusammenstecken. Die Tortillatüten mit Dressing beträufeln und servieren.

Sandwiches, Wraps und Häppchen

Toast-Röllchen mit Räucherlachs

Zutaten für 4 Personen:

8 Scheiben Toastbrot
2 Frühlingszwiebeln
100 g Räucherlachs
100 g Frischkäse
100 g Ricotta-Käse
1–2 TL Knoblauch Würzpaste, z. B. von Fuchs
1 TL Basilikum, gerebelt
1 TL weißer Pfeffer, gemahlen

Zubereitung:

1. Toastbrot entrinden und mit einem Nudelholz etwas flacher ausrollen.

2. Frühlingszwiebeln putzen, waschen und schräg in Scheiben schneiden. Lachs in Streifen schneiden. Frischkäse und Ricotta-Käse verrühren und mit den Gewürzen pikant abschmecken.

3. Toastscheiben mit der Masse bestreichen, in die Mitte einen schmalen Streifen Lachs legen, aufrollen und schräg halbiert servieren.

Chicorée-Schiffchen
mit Nussbrot

Zutaten für 4 Personen:

Für das Nussbrot:
150 g Quark
1 Ei, 6 EL Speiseöl
250 g Weizenmehl
1 Päckchen Backpulver
50 g grob gehackte Haselnüsse
50 g grob gehackte Walnüsse
½ TL Salz

Für die Schiffchen:
Saft einer Limette
1 TL Honig, 3 EL Olivenöl
Salz, frisch gemahlener Pfeffer
1 große Chicoréestaude
200 g Käse, z. B. Leerdammer Delacrème®, 200 g Kirschen

Zubereitung:

1. Den Backofen auf 180 °C (Umluft 160 °C) vorheizen. Quark, Salz, Ei und Öl verrühren. Mehl, Backpulver und Nüsse hinzufügen und alles zu einem geschmeidigen Teig verkneten.

2. Den Teig zu kleinen Baguettes formen, auf ein mit Backpapier ausgelegtes Backblech legen und mehrfach schräg einschneiden. Die Baguettes ca. 20 Minuten backen.

3. Limettensaft, Honig und Olivenöl verrühren und mit Salz und Pfeffer abschmecken. Chicorée putzen, waschen und trocknen und die Blätter vorsichtig ablösen.

4. Chicoréeblätter auf einen Servierteller legen. Den Käse würfeln. Gewaschene Kirschen entsteinen und vierteln und zusammen mit dem Käse in die Chicorée-Blätter füllen. Mit Dressing überträufeln und servieren.

Sandwiches, Wraps und Häppchen

Oliven-Serrano-
Häppchen

Zutaten für 4 Personen:

2 Knoblauchzehen
150 g schwarze Oliven
100 g Margarine, z. B. von Lätta
16 Scheiben Baguette
oder Ciabatta
Salz
Pfeffer, frisch gemahlen

Zubereitung:

1. Knoblauch abziehen und fein hacken. Oliven abtropfen lassen und fein würfeln.

2. Margarine mit Knoblauch und Oliven vermischen, mit Salz und Pfeffer abschmecken.

3. Die Creme auf die Brotscheiben streichen und mit Serrano-Schinken belegen. Mit ganzen Oliven garnieren.

Fruchtige Schweinelende

Zutaten für 6 Personen:

1 Schweinelende (ca. 700 g)
Paprikapulver
1 TL Sojasoße
Olivenöl
Salz
Pfeffer

Zum Garnieren:
200 g Frischkäse
250 g rote Johannisbeeren
1 Beet Kresse
Feldsalat

Zubereitung:

1. Die Schweinelende von der eventuell noch vorhandenen Haut befreien und mit Salz, Pfeffer und Paprikapulver kräftig einreiben. Die gewürzte Lende auf einen flachen Teller legen und mit der Sojasoße rundherum einreiben.

2. Das Olivenöl in einer Pfanne erhitzen und das Filet darin scharf anbraten. Auf kleiner Flamme noch etwa 10 Minuten garen lassen. Anschließend zum Abkühlen auf ein Brett legen.

3. Die kalte Lende in gleichmäßige Scheiben schneiden und auf einem Teller anrichten.

4. Den Frischkäse in einen Spritzbeutel mit Sterntülle füllen und auf jede Scheibe eine Rosette spritzen. Die Johannisbeeren waschen und die Kresse vom Beet schneiden.

5. Zum Schluss je eine Johannisbeerrispe über die Frischkäse-Rosette legen und den Teller mit Kresse und Feldsalat garnieren.

Tipp: Die gebratene Lende auf jeden Fall am Stück abkühlen lassen und erst dann portionieren. Schneidet man noch heißes Fleisch, geht viel Bratensaft verloren. Je nach Jahreszeit kann man auch andere Früchte, wie z. B. Mandarinen, Trauben, Pflaumen oder Kiwis, mit dem Frischkäse kombinieren. Machen Sie den Feldsalat doch gleich mit einer Vinaigrette aus Salz, Pfeffer, Essig und Öl an. So haben Sie zusätzlich noch eine kleine, schmackhafte Salatbeilage.

Schnelle Schnitten mit Roastbeef

Zutaten für ca. 10 Stück:

150 g Karotten
2 Dillstiele
75 g Margarine, z. B. von Lätta
5 Scheiben Vollkornbrot
3 Scheiben Roastbeef
Salz
Pfeffer, frisch gemahlen

Tipp: Dillblüten sehen als Dekoration sehr schön aus.

Zubereitung:

1. Die Karotten waschen, putzen, schälen und fein raspeln. Den Dill waschen und trocken schütteln. Einen Dillstiel fein hacken.

2. Die geraspelten Karotten, den gehackten Dill und die Margarine verrühren. Mit Salz und Pfeffer abschmecken.

3. Die Vollkornbrotscheiben diagonal in Dreiecke und das Roastbeef in dünne Streifen schneiden.

4. Die Möhren-Margarine auf die Vollkornbrote streichen, mit dem Roastbeef belegen und mit dem Dill garnieren.

Fingerfood

Pumpernickel-Türmchen

Zutaten für 8 Stück:

16 kleine Pumpernickeltaler
100 g Kräuter-Frischkäse,
z. B. Brunch Légère Feine Kräuter
2 Scheiben frische Ananas
8 Schnittlauchhalme
2 TL Haselnüsse, grob gehackt

Zubereitung:

1. Alle Pumpernickeltaler mit dem Frischkäse bestreichen, die Ananasscheiben jeweils vierteln und damit 8 Pumpernickeltaler belegen.

2. Den Schnittlauch waschen, trocknen und je 1 halbierten Halm auf die mit Ananas belegten Taler verteilen.

3. Die anderen Taler mit den Haselnüssen bestreuen. Je 1 Scheibe mit Haselnüssen auf 1 Scheibe mit Ananas legen.

Sandwiches, Wraps und Häppchen

Gemüse mit Kräuter-Meerrettich-Dip

Zutaten für 4 Personen:

4 Karotten, 2 Kohlrabi
2 rote Paprika
500 g Magerquark
3 El Meerrettich, naturscharf
2 EL Pflanzenöl, z. B. Omega-3 von Becel
3–4 EL Schnittlauchröllchen
3–4 EL Petersilie, gehackt
abgeriebene Schale von 1 Zitrone, unbehandelt
Cayennepfeffer
Salz, Pfeffer

Zubereitung:

1. Das Gemüse waschen, putzen und in mundgerechte Streifen schneiden.

2. Den Quark, den Meerrettich, das Pflanzenöl, die Kräuter und die Zitronenschale verrühren. Mit Salz, Pfeffer und Cayennepfeffer pikant abschmecken.

3. Den Dip in Schüsselchen anrichten und zu den Gemüsestreifen servieren.

Coffee-Chili-Wraps

Zutaten für 4 Personen:

2 Fleischtomaten
1 Dose Kidneybohnen (400 g)
1 Zwiebel
je 1 rote und grüne Paprikaschote
500 g Hackfleisch
2 EL Speiseöl
2 EL Tomatenmark
100 ml Rinderfond
100 ml Kaffee
1–2 TL Chili con Carne-Würzer,
z. B. von Fuchs
1–2 EL Rosen-Paprika, scharf
½ TL eingelegten Knoblauch, gerieben
20 g Halbbitterkuvertüre, gerieben
8 Wraps (aus der Packung)
einige Blätter Eisbergsalat

Zubereitung:

1. Die Fleischtomaten kreuzweise einritzen, mit kochendem Wasser überbrühen und häuten. Dann die Kerne entfernen und die Tomaten würfeln. Bohnen abtropfen lassen und abspülen. Zwiebel abziehen, Paprikaschoten halbieren, putzen, waschen und mit der Zwiebel würfeln.

2. Das Hackfleisch in erhitztem Öl anbraten. Zwiebel- und Paprikaschotenwürfel dazugeben und andünsten. Tomatenmark, Tomatenwürfel, Rinderfond und Kaffee zugeben und aufkochen. Ca. 10 Minuten garen und mit den Gewürzen pikant abschmecken. Bohnen dazugeben und nochmals kurz erhitzen. Kuvertüre unterrühren und schmelzen lassen.

3. Die Wraps nach Packungsanweisung erhitzen. Eisbergsalat waschen, trocknen und in Streifen schneiden. Die Wraps mit Hackfleischmischung und Salat füllen. Nach Wunsch mit weiteren Zwiebelringen, Käseraspeln oder Kräutern verfeinern, zusammenklappen oder aufrollen und servieren.

Sandwiches, Wraps und Häppchen

Tomaten mit Pinienkern-Creme

Zutaten für 4 Personen:

50 g Pinienkerne
2 Frühlingszwiebeln
1 unbehandelte Zitrone
ca. 16 Kirschtomaten
2 EL frischer Basilikum
400 g Frischkäse mit Kräutern,
z. B. Brunch Feine Kräuter
Salz
weißer Pfeffer

Zubereitung:

1. Die Pinienkerne in einer Pfanne ohne Fett unter Wenden rösten, bis sie von allen Seiten leicht gebräunt sind. Die Frühlingszwiebeln putzen, waschen und in feine Ringe schneiden. Die Zitrone heiß abwaschen und abtrocknen, Schale abreiben und Saft auspressen. Die Tomaten waschen und trocknen. Von jeder Tomate einen Deckel abschneiden und mit einem Teelöffel das Fruchtfleisch herauskratzen. Das Basilikum waschen, trocknen und klein schneiden.

2. Den Frischkäse mit Frühlingszwiebeln, zwei Dritteln der abgekühlten Pinienkerne, der Zitronenschale und dem -saft verrühren. Etwas Zitronenschale zum Garnieren und etwas Zitronensaft zum Abschmecken zurückbehalten. Mit Salz, Pfeffer und Zitronensaft abschmecken.

3. Zuletzt die Creme mithilfe von zwei Löffeln vorsichtig in die Tomaten füllen und mit den übrigen Pinienkernen, der Zitronenschale und den Tomatendeckeln garnieren.

Tipp: Schneiden Sie hauchdünne Scheiben von den Tomatenböden ab, dann haben sie einen festeren Stand. Einfacher geht das Füllen der Tomaten, wenn Sie einen Spritzbeutel verwenden.

Vegetarische Frühlingsrollen

Zutaten für ca. 10–12 Stück:

Für die Füllung:
2 Knoblauchzehen
1 Zwiebel
2 Karotten, 3 Frühlingszwiebeln
1 kleine rote Chilischote, frisch
250 g frische Sojasprossen
425 g Bambussprossen (Dose)
1 Stück frischer Ingwer (ca. 1 cm)
2–3 EL Sesamöl
1 TL Fünf-Gewürz-Pulver (asiatische Gewürzmischung)
1 EL Reisessig
2 EL Karamellsirup, z. B. von Grafschafter
Salz, Pfeffer, frisch gemahlen

Für die Frühlingsrollen:
100 g Frühlingsrollenteig (aus der Packung)
1 Eiweiß
Fett zum Ausbacken
100 ml Chilisoße, süßsauer

Zubereitung:

1. Den Knoblauch und die Zwiebel schälen, den Knoblauch zerdrücken und die Zwiebel würfeln. Die Karotten waschen, putzen und schälen, mit den gewaschenen Frühlingszwiebeln in feine Streifen schneiden.

2. Die Chilischote der Länge nach aufschneiden, die Kerne entfernen, die Schote waschen und fein hacken. Die Sojasprossen waschen und abtropfen lassen. Die Bambussprossen ebenfalls abtropfen lassen. Den Ingwer schälen und fein würfeln.

3. Das Sesamöl in einem Topf erhitzen. Den Knoblauch, den Ingwer und die Zwiebel darin andünsten. Die Karotten, Frühlingszwiebeln, Chili, Soja- und Bambussprossen dazugeben und ebenfalls andünsten. Das Gemüse unter gelegentlichem Rühren ca. 5 Minuten garen und mit Salz, Pfeffer, dem Fünf-Gewürz-Pulver, dem Reisessig sowie dem Sirup pikant abschmecken.

4. Den Frühlingsrollenteig nach Packungsanweisung vorbereiten, die Ränder mit Eiweiß bestreichen und den Teig mit der Füllung belegen.

5. Die Teigplatten aufrollen, dabei die Ränder einschlagen und gut andrücken. Die Frühlingsrollen in heißem Fett goldbraun ausbacken und mit der Chilisoße servieren.

Sandwiches, Wraps und Häppchen

Kartoffel-Bällchen mit Mango-Salsa

Zutaten für ca. 16 Stück:

Für die Salsa:
400 g Tomaten, 1 reife Mango (ca. 450 g)
2 Frühlingszwiebeln, 1 Knoblauchzehe
1 Stück Ingwer (ca. 20 g)
1 rote Chilischote, frisch
1–2 EL Limettensaft, Salz

Für die Kartoffel-Bällchen:
3 Portionen Kartoffelpüree, z. B. von Pfanni
100 ml Milch, 75 g Manchego-Käse
1 EL Crème fraîche, 2 Eier
50 g Paniermehl, 750 ml Sonnenblumenöl
Salz, Pfeffer, frisch gemahlen

evtl. Holzspießchen

Zubereitung:

1. Für die Salsa die gewaschenen Tomaten überbrühen, häuten, entkernen und fein würfeln. Die Mango schälen, das Fruchtfleisch vom Stein schneiden und ebenfalls fein würfeln.

2. Die Frühlingszwiebeln putzen, waschen und in feine Ringe schneiden. Knoblauch und Ingwer schälen, die Chili putzen, waschen und entkernen und alles fein hacken. Mit den Tomaten, den Mangowürfeln und den Frühlingszwiebeln mischen und mit Salz und Limettensaft abschmecken.

3. Das Kartoffelpüree mit Wasser und Milch nach Packungsanweisung zubereiten.

4. Den Manchego-Käse fein reiben, die Crème fraîche und 1 Ei untermengen und mit Salz sowie Pfeffer würzen. Gut mit dem Kartoffelpüree vermengen und ca. 16 gleich große Bällchen formen.

5. Die Kartoffel-Bällchen erst im übrigen verquirlten Ei, dann im Paniermehl wenden. Das Öl so stark erhitzen, bis an einem hineingehaltenen Holzlöffel Bläschen aufsteigen.

6. Die Bällchen im heißen Öl portionsweise 2–3 Minuten knusprig frittieren, dabei einmal wenden. Auf Küchenpapier abtropfen lassen und mit der Salsa anrichten. Nach Belieben Holzspießchen in die Bällchen stecken.

Panierte Sesam-Käse-Sticks

Zutaten für ca. 20 Stück:

200 g Schafskäse
250 g Halloumi-Käse
200 g luftgetrockneter Schinken,
dünn geschnittene Scheiben
4 EL Pflanzencreme, z. B. Rama Culinesse

Zum Panieren:
40 g Mehl
120 g Semmelbrösel
5 EL geschälte Sesamsamen
2 Eier

Zubereitung:

1. Die beiden Käsesorten in Stifte mit einer Länge von ca. 4 cm und einer Breite von ca. 2 cm schneiden. Die Käsestifte in Schinkenscheiben einwickeln.

2. Das Mehl auf einen tiefen Teller sieben. Die Semmelbrösel und die Sesamsamen in einem zweiten Teller mischen. Die Eier in einem dritten Teller verquirlen.

3. Zum Panieren die Käsestifte zuerst im Mehl wenden, das überschüssige Mehl abklopfen und sie dann durch die verquirlten Eier ziehen. Zum Schluss die Käsestifte zweimal in der Semmelbrösel-Sesam-Mischung wenden und die Panade leicht andrücken.

4. Die Pflanzencreme in einer Pfanne erhitzen und die panierten Käsestifte darin portionsweise goldgelb braten. Auf Küchenpapier abtropfen lassen.

Sandwiches, Wraps und Häppchen

Canapés mit Matjes-Creme

Zutaten für 4 Personen:

1 kleine Zwiebel
1 kleiner Apfel
200 g Matjesfilets
1 Gewürzgurke
200 g Sahnequark
2 EL Milch
2–3 TL Quarkkräuter, gefriergetrocknet, z. B. von Ostmann
½ TL Paprika, edelsüß
1 Packung Pumpernickeltaler (250 g)
Salz
¼ TL schwarzer Pfeffer, frisch gemahlen

Zubereitung:

1. Apfel waschen, schälen und vierteln, Kerngehäuse entfernen. Zwiebel schälen. Beides mit Matjes und Gewürzgurke fein würfeln. Mit Quark, Milch und Kräutern verrühren, mit Paprika, Salz und Pfeffer abschmecken.

2. Die Creme auf die Pumpernickeltaler streichen und nach Wunsch mit Quarkkräutern bestreuen und mit Gurkenscheiben garnieren. Bis zum Servieren kühl stellen.

Rucola-Röllchen
mit Waldhonig

Zutaten für 4 Personen:

8 Scheiben Sandwich-Toast
100 g Margarine, z. B. Lätta extra fit
2 EL Waldhonig
75 g Rucola
Pfeffer

Tipp: Etwas reichhaltiger wird das Sandwich, wenn vor dem Aufrollen gehobelter Parmesan auf die Rucola gestreut wird.

Zubereitung:

1. Von den Sandwich-Scheiben die Rinde abschneiden, mit einem Nudelholz ausrollen. Die Margarine mit Honig verrühren und mit Pfeffer würzen. Rucola putzen, waschen und trocken schütteln.

2. Die Honig-Margarine-Mischung auf die Sandwich-Scheiben streichen, Rucola darauf verteilen und die Brotscheiben aufrollen. Zum Transport fest in Alufolie wickeln.

Pilz-Bruschetta mit grünen Bohnen

Zutaten für 8 Stück:

8 Scheiben italienisches Weißbrot (oder Ciabatta)
250 g gemischte Pilze (Pfifferlinge, Austernpilze, Shiitakepilze)
125 g grüne Bohnen
1 kleine Zwiebel
1 Knoblauchzehe
125 g rote Paprikaschote
3 Oregano-Zweige
100 g Pecorino-Käse (oder Ziegengouda)
1 EL Olivenöl
1 Lorbeerblatt
150 ml Gemüsebrühe, z. B. von Knorr
Salz
Pfeffer, frisch gemahlen

Zubereitung:

1. Den Backofen auf 180 °C (Umluft 160 °C) vorheizen.

2. Die Brotscheiben im heißen Backofen von beiden Seiten ca. 3 Minuten goldgelb rösten.

3. Die Pilze putzen, trocken abreiben und in mundgerechte Stücke schneiden. Die Bohnen waschen, putzen und ebenfalls in mundgerechte Stücke schneiden. Die Zwiebel und den Knoblauch schälen und fein hacken.

4. Die Paprikaschote waschen, putzen und in feine Würfel schneiden. Den Oregano waschen, trocken schütteln und fein hacken. Den Pecorino reiben.

5. Das Öl erhitzen und die Pilze 4 Minuten darin braten. Zwiebel, Knoblauch, Paprikawürfel, Lorbeerblatt und die Bohnen hinzufügen und ca. 1 Minute mitbraten.

6. Die Gemüsebrühe dazugießen und alles ca. 10 Minuten garen. Den Oregano hinzufügen. Alles mit Salz und Pfeffer abschmecken.

7. Das Pilzgemüse auf die Brote verteilen, mit dem geriebenen Käse bestreuen und ca. 3 Minuten im heißen Ofen überbacken, bis der Käse geschmolzen ist.

34 Fingerfood

Bruschetta mit Salami und Oliven

Zutaten für ca. 10 Stück:

½ Stange Baguette (ca. 180 g)
2 EL Olivenöl, z. B. von Bertolli
1 Packung Tomatensoße, z. B. Knorr „Tomato al Gusto - Pizza"
½ Bund glatte Petersilie
40 g Salami, in dünnen Scheiben
60 g grüne Oliven, mit Paprikafüllung
etwas Tabasco, Salz, Pfeffer
evtl. Kräuterblättchen zum Garnieren

Zubereitung:

1. Das Baguette in ca. 2 cm dicke Scheiben schneiden und auf einer Seite mit Olivenöl bestreichen. Auf einen Gitterrost legen und im vorgeheizten Backofen bei 200 °C (Umluft 175 °C) ca. 12 Minuten rösten.

2. Den Packungsinhalt „Tomato al Gusto" in einem Sieb gut abtropfen lassen. Den Tomatensaft auffangen und ggfs. anderweitig verwenden.

3. Die Petersilie waschen, trocknen, die Blättchen abzupfen und fein schneiden. Die Salamischeiben in Streifen, die Oliven in Scheiben schneiden. Einige Salamistreifen und Olivenscheiben als Dekoration beiseitestellen. Den Rest mit den abgetropften Tomatenstückchen und der Petersilie mischen. Mit Salz, Pfeffer und Tabasco abschmecken.

4. Salami-Tomaten-Mischung auf die gerösteten Brotscheiben verteilen. Mit Salamistreifen, Olivenscheiben und evtl. Kräuterblättchen garnieren. Am besten lauwarm servieren.

Bruschetta mit Pesto Genovese

Zutaten für 4 Personen:

1 Baguette
1 Glas Pesto Genovese (150 ml)
200 g Kirschtomaten
2 Ziegenkäserollen (à 100 g)
1 Beet Kresse
Würzsalz, z. B. Ideal Würzer mit Kräutern von Fuchs

Zubereitung:

1. Backofen auf 240 °C (Umluft auf 220 °C) vorheizen. Baguette in Scheiben schneiden, mit Pesto bestreichen, auf ein mit Backpapier ausgelegtes Backblech legen und unter dem Grill ca. 2 Minuten überbacken.

2. Kirschtomaten waschen und in kleine Würfel, Käse in Scheiben schneiden. Tomaten und Käse auf den Baguettescheiben verteilen, mit Würzsalz bestreuen, mit Kresse dekorieren und servieren.

Crostini mit Avocado-Bärlauch-Creme

Zutaten für 10 Stück:

10 Scheiben Baguette
1 reife Avocado (ca. 300 g)
1 Beutel Salatsoße zum Anrühren, z. B. Knorr Salatkrönung „Bärlauch-Schalotten-Kräuter"
2 EL Rama Cremefine zum Verfeinern
Cayennepfeffer
1–2 EL Pinienkerne
Basilikumblätter zum Garnieren

Zubereitung:

1. Die Baguettescheiben auf einem Rost im vorgeheizten Backofen bei 225 °C (Umluft 200 °C) 10–12 Minuten goldgelb rösten.

2. Die Avocado waschen, schälen, halbieren und den Kern herauslösen. Das Fruchtfleisch mit einer Gabel zerdrücken. Den Inhalt des Beutels Salatsoße und Cremefine zum Verfeinern unterrühren, mit etwas Cayennepfeffer pikant abschmecken.

3. Die Pinienkerne in einer beschichteten Pfanne ohne Zugabe von Fett goldgelb rösten.

4. Die Avocadocreme nochmals umrühren und auf den Baguettescheiben verteilen. Mit den Pinienkernen und den Basilikumblättern bestreuen.

Bruschettas, Minipizzen und Stangengebäck

Mini-Pizza Napoli

Für den Belag:
300 g passierte Tomaten
2–3 EL Pizza-Gewürz, z. B. von Ostmann
etwas Zucker
250 g Kirschtomaten
500 g Mozzarella
100 g Parmesan
4–6 EL Röstzwiebeln

Zubereitung:

1. Mehl in eine Schüssel sieben und in die Mitte eine Vertiefung drücken. Hefe hineinbröckeln, mit Zucker und ca. 5 EL lauwarmem Wasser verrühren. Abgedeckt an einem warmen Ort ca. 20 Minuten gehen lassen.

2. 150 ml lauwarmes Wasser, Salz und Butter unter den Teig kneten und weitere 30 Minuten gehen lassen.

3. Backofen auf 200 °C (Umluft 180 °C) vorheizen.

4. Passierte Tomaten mit Pizza-Gewürz und Zucker pikant abschmecken. Kirschtomaten waschen und in Scheiben schneiden. Mozzarella abtropfen lassen und in Streifen schneiden. Parmesan grob hobeln.

5. Teig ausrollen, mit einem Glas (Ø ca. 10 cm) ca. 10 runde Pizzen ausstechen und auf ein mit Backpapier ausgelegtes Backblech legen. Minipizzen mit der Tomatensoße bestreichen. Tomatenscheiben und Mozzarella darauf verteilen und im Backofen 20–30 Minuten backen. Parmesan und Röstzwiebeln darüberstreuen und nach Wunsch mit frischen Kräutern garniert servieren.

Zutaten für ca. 10 Stück:

Für den Hefeteig:
375 g Mehl
½ Würfel Hefe (21 g)
1 TL Zucker
100 g weiche Butter
Salz

Käse-Fladenbrot

Zutaten für 4 Personen:

150 g Käse, z. B. Leerdammer Caractère®
50 g grüne Oliven, entsteint

Für den Teig:
300 g Mehl
½ Würfel Hefe, 1 TL Zucker
100 ml Milch, lauwarm
100 g Naturjoghurt, ¼ TL Rosmarin
Mehl für die Arbeitsfläche
Salz

Für die Tomatenbutter:
30 g Tomaten, in Öl eingelegt
1 Knoblauchzehe, 1 TL Tomatenmark
100 g weiche Butter
Salz, frisch gemahlener Pfeffer

Zubereitung:

1. Das Mehl in eine große Schüssel sieben, in die Mitte eine Mulde drücken. Die Hefe hineinbröckeln, den Zucker und die lauwarme Milch dazugeben und den Vorteig zugedeckt ca. 30 Minuten an einem warmen Ort ruhen lassen.

2. Den Käse und die Oliven fein würfeln. Joghurt, ½ TL Salz, Oliven, Rosmarin und 100 g Käsewürfel zu dem Teig dazugeben und alles gut verkneten. Abgedeckt an einem warmen Ort ca. 45 Minuten gehen lassen.

3. Den Backofen auf 200 °C (Umluft 180 °C) vorheizen. Den Teig noch einmal gut durchkneten. Auf einer bemehlten Arbeitsfläche kleine Fladen (Ø ca. 10 cm) ausrollen. Die Fladen auf ein mit Backpapier ausgelegtes Backblech legen, mit dem restlichen Käse bestreuen und ca. 20–30 Minuten backen, bis sie goldbraun sind.

4. Für die Tomatenbutter Tomaten würfeln, Knoblauch abziehen, zerdrücken und mit Tomatenmark und Butter verrühren. Die Tomatenbutter mit Salz und Pfeffer abschmecken und zu dem Fladenbrot servieren.

Focaccia

Zutaten für 4 Personen:

500 g Mehl
½ Würfel Hefe
1 TL Zucker
60 g geschmolzene Margarine, z. B. Sanella
250 g rote Zwiebeln
500 g Tomaten
200 g Bel-Paese-Käse
200 g Büffelmozzarella
Salz

Zubereitung:

1. Das Mehl in eine große Schüssel sieben, in die Mitte eine Mulde drücken. Die Hefe hineinbröckeln, den Zucker und ca. 300 ml lauwarmes Wasser dazugeben und den Vorteig zugedeckt ca. 30 Minuten an einem warmen Ort ruhen lassen.

2. 3 EL Margarine und 2 TL Salz hinzufügen und alles mit den Knethaken eines Handrührers verkneten, bis sich der Teig vom Schüsselboden löst. Zugedeckt nochmals ca. 1 Stunde an einem warmen Ort gehen lassen.

3. Den Teig portionieren und auf einer bemehlten Arbeitsfläche zu dicken Fladen ausrollen, diese auf ein bemehltes Backblech legen. Mit den Fingern Vertiefungen in die Oberfläche drücken. Zudecken und weitere 30 Minuten gehen lassen. Den Backofen auf 225 °C (Umluft: 200 °C) vorheizen.

4. In der Zwischenzeit die Zwiebeln schälen, in Spalten schneiden und in einer beschichteten Pfanne in der restlichen Margarine bei mittlerer Hitze ca. 5 Minuten dünsten. Die Tomaten waschen, die Stielansätze herausschneiden und in Spalten schneiden. Die Focaccia mit Zwiebeln und Tomatenspalten belegen.

5. Den Bel Paese und den Büffelmozzarella sehr fein würfeln, vermischen und auf dem Gemüse verteilen. Im Backofen ca. 20 Minuten backen.

Fingerfood

Spargel-Bruschetta

Zutaten für 4 Personen:

500 g grüner Spargel
50 g Schalotten
2 Knoblauchzehen
12 Kirschtomaten
125 g Büffelmozzarella
1 Zweig Minze
250 g Ciabatta
2–3 EL Pflanzencreme,
z. B. Rama Culinesse
Zucker
2–3 EL Balsamico-Essig
Salz, Pfeffer

Zubereitung:

1. Den Backofen auf 210 °C (Umluft 190 °C) vorheizen. Den Spargel und die Schalotten waschen und trocknen. Die holzigen Enden des Spargels abschneiden und die Stangen im unteren Drittel schälen. Dann in schräge Scheiben schneiden. Die Schalotten schälen und in feine Streifen schneiden. Den Knoblauch schälen und in Scheiben schneiden. Die Tomaten waschen. Den Mozzarella abtropfen lassen und in 3 cm große Würfel schneiden. Die Minze waschen und trocken schütteln, die Blätter abzupfen und fein schneiden.

2. Das Brot in 12 dünne Scheiben schneiden und einseitig mit etwas Pflanzencreme bestreichen. Im Backofen knusprig rösten.

3. Die restliche Pflanzencreme in einer Pfanne erhitzen, die Tomaten darin scharf anbraten und wieder herausnehmen. Den Spargel hineingeben und ca. 2 Minuten unter Rühren kräftig braten. Zu den Tomaten geben. Die Schalotten und den Knoblauch bei geringer Hitze unter Rühren andünsten. Alles wieder in die Pfanne geben und mit Salz, Pfeffer einer Prise Zucker und Zitronensaft würzen. In einer Schüssel mit Mozzarella und Minze mischen und auf den Brotscheiben verteilen. Sofort servieren.

Bruschettas, Minipizzen und Stangengebäck

Käsefüße und Paprika-Stangen

Zutaten für ca. 30 Stück:

150 g Hartkäse, z. B. mittelalter Gouda
250 g Weizen-Vollkornmehl, z. B. von Aurora
150 g Butter
1 Ei
2 EL saure Sahne
½ TL gemahlener Kümmel
1 TL Paprikapulver, edelsüß
50 g Sesamsamen für die Paprikastangen
Salz

1 Ausstechförmchen in Fußform

Zubereitung:

1. Den Käse fein reiben und mit dem Mehl, der kalten Butter in Stückchen, dem Ei, der sauren Sahne und 1 kräftigen Prise Salz rasch verkneten.

2. Den Teig halbieren, unter eine Hälfte den gemahlenen Kümmel kneten und unter die andere das Paprikapulver. Die beiden Teige zugedeckt 30 Minuten kühl stellen.

3. Den Backofen auf 200 °C (Umluft 180 °C) vorheizen. Den Kümmelteig auf einer bemehlten Arbeitsfläche ca. 3 mm dick ausrollen und Plätzchen ausstechen. Die Plätzchen auf einem gefetteten Blech auf mittlerer Schiene 10–12 Minuten backen.

4. Den Paprikateig zu ca. 1 cm dicken Rollen formen. Die Rollen in 12 cm lange Stücke schneiden und im Sesam wälzen. Die Paprikastangen ebenso backen. Das Gebäck abkühlen lassen und in einer Blechdose aufbewahren.

Tipp: Selbstgebackenes Käsegebäck ist ein individuelles Mitbringsel als Ergänzung zu einer guten Flasche Rotwein. Wenn Sie kein Füßchen zum Ausstechen haben, nehmen Sie einfach eine kleine runde Plätzchenform oder schneiden Sie den Teig mit einem Teigrädchen in Rautenform aus.

Pesto-Stockbrote

Zutaten für ca. 8 Stockbrote:

500 g Pesto-Ciabatta-Backmischung, z. B. von Aurora
20 ml Olivenöl

8 Stöcke
Alufolie

Zubereitung:

1. Die Backmischung mit 280 ml lauwarmem Wasser und Olivenöl in eine Schüssel geben. Mit den Knethaken eines Handrührgeräts 3–4 Minuten zu einem glatten Tag kneten. Den Teig mit einem Handtuch abdecken und ca. 30 Minuten an einem warmen Ort gehen lassen, bis sich das Volumen deutlich vergrößert hat.

2. Den Backofen auf 210 °C (Umluft 190 °C) vorheizen. Den Teig auf einer bemehlten Arbeitsfläche noch einmal kurz durchkneten, in 8 gleich große Stücke teilen und jeweils zu ca. 60 cm langen Stangen rollen.

3. Den oberen Teil der Stöcke mit Alufolie umwickeln und die Teigrollen darumschlingen. Abgedeckt an einem warmen Ort ca. 10 Minuten gehen lassen.

4. Die Stockbrote auf dem Backofenrost auf der mittleren Schiene unter häufigem Wenden ca. 20 Minuten backen, bis diese leicht gebräunt sind.

Tipp: Die Stockbrote sind auch sehr gut dafür geeignet, um sie am Lagerfeuer oder auf dem heißen Grill zu backen.

Bruschettas, Minipizzen und Stangengebäck

Grissini mit Schwarzwälder Schinken

Zutaten für 4 Personen:

Für die Grissini:
300 g Roggenmehl Type 1150
200 g Weizenmehl Type 550
1 Päckchen Roggen-Natursauerteig (75 g),
z. B. von Aurora
ca. 300 ml dunkles Bier oder Malzbier
(Raumtemperatur)
½ Würfel Hefe, 1 EL Zucker
8 dünne Scheiben Schwarzwälder Schinken
25 g 3-Korn-Flocken
1 TL Kümmel, Salz

Für den Schnittlauch-Dip:
150 g Crème fraîche
5 EL Milch, 1 kleiner Bund Schnittlauch
Salz, Pfeffer

Zubereitung:

1. Roggen-, Weizenmehl, Natursauerteig und die in (Malz-)Bier aufgelöste Hefe in eine Schüssel geben. 1 EL Salz und den Zucker zufügen und alles mit den Knethaken eines Rührgeräts ca. 4 Minuten zu einem glatten Teig verkneten. Den Teig abgedeckt an einem warmen Ort ca. 40 Minuten gehen lassen, bis sich das Volumen deutlich vergrößert hat.

2. Den Teig auf einer bemehlten Arbeitsfläche noch einmal durchkneten. Anschließend in eine Schüssel geben und nochmals mit einem Tuch bedeckt ca. 40 Minuten gehen lassen.

3. Den Backofen auf 200 °C (Umluft 170 °C) vorheizen. Den Teig auf einer bemehlten Arbeitsfläche ca. 3–4 mm dick ausrollen. Den ausgerollten Teig halbieren, eine Hälfte mit Schinken belegen und mit der anderen Teighälfte bedecken. Den Teig mit dem Nudelholz noch einmal ausrollen, bis wieder eine Dicke von 3–4 mm erreicht ist.

4. Mit einem scharfen Messer oder einem Pizzaschneider Streifen von ca. 1,5 cm Breite abschneiden. Die Streifen auf ein Blech mit Backpapier legen und in sich spiralförmig drehen. Mit etwas Wasser bestreichen und mit den 3-Korn-Flocken und dem Kümmel bestreuen. Im Backofen ca. 15 Minuten backen.

5. Für den Dip die Crème fraîche mit der Milch verrühren und mit Salz und Pfeffer abschmecken. Den Schnittlauch in Röllchen schneiden, dazugeben und alles verrühren. Den Dip mit den Grissini servieren.

Scharfe Chorizo-Quiches

Zutaten für ca. 6 Stück:

150 g Chorizo (spanische Paprikawurst)
100 g Manchego-Käse
4 Eier
150 g scharfe Frischkäse-Creme,
z. B. Brunch Teufel
90 g Weizenmehl
500 ml Milch
1 Knoblauchzehe
Salz, Pfeffer

6 Quiches-Förmchen, Ø 12 cm

Zubereitung:

1. Die Förmchen mit Backpapier auslegen. Den Backofen auf 180 °C (Umluft 160 °C) vorheizen. Die Chorizo klein würfeln, in einer beschichteten Pfanne kurz anbraten und zur Seite stellen. Den Manchego reiben.

2. In einer Rührschüssel die Eier mit der Frischkäse-Creme schaumig schlagen. Das Mehl dazusieben und unterarbeiten. Milch, Käse und Chorizo zugeben. Den Knoblauch schälen, zerdrücken und hinzufügen. Alles mit Salz und Pfeffer abschmecken.

3. Den Teig auf die vorbereiteten Förmchen verteilen und die Quiches auf der mittleren Schiebeleiste ca. 30 Min. goldgelb backen.

Tipp: Dazu passt ein Paprikasalat mit Zwiebelringen und Oliven.

Bruschettas, Minipizzen und Stangengebäck

Mini-Gratins mit Porree und Mais

Zutaten für ca. 16–20 Stück:

1 Packung TK-Blätterteig
1 Zwiebel
2 EL Öl
250 g Porree
2–3 EL Gemüsemais
Currypulver
100 g Käse, z. B. Leerdammer® Original
Salz

Zubereitung:

1. Den Blätterteig nach Packungsanweisung vorbereiten. Die Zwiebel abziehen und fein würfeln. Das Öl in einer Pfanne erhitzen und die Zwiebel darin andünsten. Den Porree putzen, längs aufschneiden und gründlich waschen. In feine Streifen schneiden und zu der Zwiebel geben. ½ Tasse Wasser angießen, den Mais hinzufügen und alles ca. 5 Minuten dünsten. Dabei die Flüssigkeit einkochen und das Gemüse anschließend etwas abkühlen lassen. Mit Salz und Currypulver würzen.

2. Den Backofen auf 200 °C vorheizen. Ein Backblech mit kaltem Wasser abspülen und bereitstellen. Den Blätterteig auf einer bemehlten Arbeitsfläche ca. 3 mm dünn ausrollen. Mit einem Glas Kreise (Ø ca. 6 cm) ausstechen und auf das Blech legen.

3. Den Käse reiben. Das Gemüse in kleinen Portionen auf die Teigstücke geben, den Käse darüberstreuen. Die Mini-Gratins im Ofen auf der mittleren Schiebeleiste ca. 15–20 Minuten backen, bis die Teigränder hellbraun sind.

Mini-Pizza aus Kartoffelteig

Zutaten für 6 Personen:

Für den Teig:
800 g Kartoffeln, mehlig kochend
300 g Kirschtomaten
6 EL frische Kräuter (Schnittlauch, Petersilie, Basilikumblätter), gehackt
1 EL gehackte Majoranblätter
1 Knoblauchzehe, 130 g Weizenmehl (Type 405)
70 g Instant-Flocken, z. B. von Kölln
1 ½ TL Backpulver, 30 g weiche Butter
Salz

Für den Belag:
12 Mini-Mozzarella-Bällchen
Pfeffer, frisch gemahlen

Pflanzenöl oder Pflanzenfett zum Frittieren, z. B. von Biskin®

Zubereitung:

1. Die Kartoffeln abbürsten und in reichlich Wasser sehr weich kochen. Anschließend pellen und durch eine Kartoffelpresse drücken oder mit dem Kartoffelstampfer zerdrücken.

2. Die gewaschenen Tomaten mit heißem Wasser überbrühen und häuten. Anschließend in einer Schüssel mit den Kräutern vermischen. Knoblauch abziehen, fein hacken und dazugeben.

3. Das Kartoffelpüree mit Mehl, Instant-Flocken, Backpulver, Butter und etwas Salz vermischen und gründlich verkneten. Sollte der Teig zu weich sein, eventuell etwas mehr Instant-Flocken zugeben. Den Teig abgedeckt etwa 30 Minuten ruhen lassen.

4. Den Backofen auf 70 °C (Umluft 50–60 °C) vorheizen. Mit einem Esslöffel jeweils kleine Teigportionen abnehmen und diese auf einer bemehlten Arbeitsfläche zu runden Fladen von 8–10 cm Ø ausrollen.

5. Die Teigfladen portionsweise im 165–170 °C heißen Pflanzenfett ca. 4 Minuten goldgelb frittieren. Die fertigen Pizza-Böden im Backofen auf einem mit Küchenpapier ausgelegten Backblech abtropfen lassen und warm halten, bis alle Böden fertig sind.

6. Die Mini-Mozzarella halbieren. Pizzaböden mit den marinierten Tomaten und halbierten Mozzarellakugeln belegen. Mit frisch gemahlenem Pfeffer würzen und Kräutern garniert servieren.

Bruschettas, Minipizzen und Stangengebäck

Kleine Mozzarella-Spieße

Zutaten für ca. 16 Stück:

16 Mini-Mozzarellas, z. B. mit Basilikum von Zott
8 Kirschtomaten
¼ gelbe Paprikaschote
¼ Salatgurke
Salz, Pfeffer, frisch gemahlen

Für die Marinade:

1 kleine rote Zwiebel, 2 Knoblauchzehen
1 kleine Peperoni, mittelscharf
1 unbehandelte Zitrone
1 EL Petersilie, fein geschnitten
1 TL Oregano-Blättchen
100 ml Olivenöl

ca. 16 Holzspießchen

Zubereitung:

1. Die Mini-Mozzarellas gut abtropfen lassen. Die Tomaten waschen und quer halbieren.

2. Die Paprika waschen und in 1 cm große Würfel schneiden. Die Salatgurke waschen und in ca. 8 mm dicke geviertelte Scheiben schneiden. Die Mozzarellas mit Tomatenhälften, Paprikawürfeln und Gurkenvierteln abwechselnd auf die Spieße stecken.

3. Für die Marinade die Zwiebel und den Knoblauch schälen und fein hacken. Die Peperoni waschen und längs aufschneiden, die Kerne entfernen und die Peperoni fein hacken.

4. Die Zitrone heiß abwaschen, abtrocknen und die Schale mit einem Zestenreißer in Streifen abziehen oder dünn abschälen und in feine Streifen schneiden. Zwiebel, Knoblauch, Peperoni, Zitronenzesten, die fein geschnittene Petersilie, Oregano und Olivenöl vermischen und in eine flache Form geben.

5. Die Spieße leicht salzen und pfeffern, in die Marinade legen und darin wenden. Zugedeckt bei Zimmertemperatur 1 Stunde marinieren und gut abtropfen lassen.

Tipp: Dazu passt Baguette oder Ciabatta.

48 Fingerfood

Frikadellen-Spießchen

Zutaten für 6 Personen:

Für die Frikadellen:
1 kleines trockenes Brötchen
1 Zwiebel
1 kg gemischtes Hackfleisch
1 Ei, 2 TL Salz, Pfeffer
Muskatnuss, Fett zum Braten

Zum Garnieren:
1 Dose Ananas in Scheiben
1 rote Zwiebel
500 g grüne Trauben

kleine Holzspieße

Zubereitung:

1. Das trockene Brötchen in warmem Wasser einweichen. Die Zwiebel schälen und in feine Würfel hacken.

2. Das Hackfleisch und die Zwiebelwürfel in eine Schüssel geben. Das eingeweichte Brötchen fest ausdrücken und mit dem Ei zu der Hackfleischmasse geben. Mit einer Gabel das Ganze gut vermischen. Die Masse mit Salz, Pfeffer und Muskatnuss würzen.

3. Das Fett in einer Pfanne erhitzen. Aus der Hackfleischmasse kleine Kugeln formen und etwas platt drücken. Im heißen Fett von beiden Seiten ca. 10–15 Minuten braten. Auf ein Brett setzen und abkühlen lassen.

4. Die Ananasscheiben in ein Sieb schütten und gut abtropfen lassen. Anschließend in der Frikadellengröße entsprechende Stücke schneiden.

5. Auf jedes Ananasstück eine Frikadelle setzen. Die Zwiebel schälen, vierteln und jeweils in die einzelnen Schichten teilen. Aus je einer Zwiebelschicht kleine Streifen schneiden.

6. Die Trauben abzupfen, waschen und abtrocknen. Die Zwiebelstreifen über Kreuz auf einen kleinen Holzspieß zusammen mit jeweils einer Traube spießen und in die Frikadellen und die Ananasstücke stecken.

7. Die garnierten Frikadellen auf einer Platte anrichten und servieren.

Bruschettas, Minipizzen und Stangengebäck

Tipp:
Schneller geht es, wenn man einen großen Pfannkuchen im Backofen zubereitet: Ofen auf 225 °C (Umluft 205 °C) vorheizen. Das Öl auf das Blech geben, den Teig daraufgießen und ca. 7 Minuten backen. Nach dem Abkühlen füllen und aufrollen.

Pfannkuchen-Röllchen mit Räucherlachs

Zutaten für ca. 24 Stück:

Für die Pfannkuchen:
2 Eier, 200 ml Milch
80 g Mehl
1 Bund glatte Petersilie
Salz, 4 TL Pflanzenöl

Für die Füllung:
200 g Magerquark
1 Beutel Salatdressing,
z. B. Knorr Salatkrönung – Küchenkräuter
1–2 EL geriebener Meerrettich
(Glas oder Tube)
200 g Räucherlachsscheiben

ca. 24 kleine Holzspießchen

Zubereitung:

1. Aus den Eiern, der Milch, dem Mehl und 1 Prise Salz einen glatten Teig rühren.

2. Die Petersilie waschen, trocken schütteln, die Blättchen abzupfen, fein hacken und unter den Teig rühren.

3. Aus dem Teig in einer beschichteten Pfanne in je 1 TL Öl nacheinander 4 dünne Pfannkuchen backen. Die Pfannkuchen nebeneinander auf einer Arbeitsplatte abkühlen lassen.

4. Den Quark in ein Sieb geben, abtropfen lassen und mit dem Beutelinhalt des Salatdressings und dem Meerrettich verrühren.

5. Den Meerrettichquark auf die abgekühlten Pfannkuchen streichen, dabei rundherum einen Rand freilassen. Die Räucherlachsscheiben auf den Quark legen und die Pfannkuchen vorsichtig aufrollen. Jeden Pfannkuchen in ca. 6 Röllchen schneiden und diese mit den Holzspießen fixieren.

Mini-Frikadellen mit Senf-Dip

Zutaten für ca. 20 Stück:

2 Scheiben Toastbrot
2 EL Milch
1 Bund Frühlingszwiebeln
400 g Rinderhackfleisch
1 kleines Ei
abgeriebene Schale von
½ unbehandelten Zitrone
Salz
Pfeffer, frisch gemahlen
2 TL Öl, 4 Estragonstiele
1 Schalotte
125 g Salatcreme, z. B. Du darfst Salatgenuss extra leicht
1 EL körniger Dijonsenf

Zubereitung:

1. Das Toastbrot zerbröseln und in der Milch einweichen. 5 Minuten beiseitestellen.

2. Die Frühlingszwiebeln putzen, waschen und in feine Ringe schneiden.

3. Das Hackfleisch mit dem eingeweichten Toastbrot, dem Ei, den Frühlingszwiebeln und der Zitronenschale verkneten, salzen und pfeffern. Aus der Masse aprikosengroße Bällchen formen.

4. Das Öl in einer beschichteten Pfanne erhitzen und die Mini-Frikadellen darin bei mittlerer Hitze rundum 6–8 Minuten braten.

5. Den Estragon waschen, trocken schütteln, die Blättchen abzupfen und fein schneiden. Die Schalotte schälen und klein würfeln.

6. Die Salatcreme mit dem Estragon, der Schalotte und dem Senf verrühren und mit Salz und Pfeffer abschmecken. Den Senf-Dip zu den Mini-Frikadellen servieren.

Bruschettas, Minipizzen und Stangengebäck

Käse-Kugeln, Käse-Häppchen und Käse-Spieße

Zutaten:

Für ca. 15 Käse-Kugeln:
100 g Emmentaler oder Allgäutaler, z. B. von Zott
100 g weiche Butter
1 EL Paprikapulver
1 Scheibe Pumpernickel
gehackte Kräuter
Paprikapulver
Salz, Pfeffer

Für Käse-Häppchen für 4 Personen:
100 g Emmentaler oder Allgäutaler, z. B. von Zott
100 g weiche Butter
1 EL gemischte frische Kräuter, gehackt
2 TL Paprikapulver
4 Scheiben Pumpernickel
Salz, Pfeffer

Für Käse-Spieße für 4 Personen:
200 g Emmentaler oder Allgäutaler, z. B. von Zott
Cocktailtomaten
Piri-Piri
rote Zwiebeln
Oliven, Himbeeren, Weintrauben

Zubereitung:

Käse-Kugeln
Den Käse reiben. Die Butter mit Paprika und Käse verrühren, mit Salz und Pfeffer abschmecken. Den Pumpernickel zerbröseln, dazugeben und alles gut vermengen. Aus der Masse mit nassen Händen Kugeln formen. Nach Belieben in zerbröseltem Pumpernickel, gehackten Kräutern oder Paprikapulver wälzen. Vor dem Servieren mindestens 1 Stunde kalt stellen.

Käse-Häppchen
Den Käse reiben. Die Butter mit dem Käse verrühren und mit Salz und Pfeffer abschmecken. Die Masse dritteln. ⅓ der Käsemasse mit gehackten Kräutern, ⅓ mit Paprikapulver verrühren und ⅓ natur belassen. Die Pumpernickelscheiben abwechselnd mit den verschiedenen Käsecremes bestreichen und übereinandersetzen. Mindestens 1 Stunde kühl stellen und vor dem Servieren in Würfel schneiden.

Käse-Spieße
Den Käse in ca. 2 x 2 cm große Würfel schneiden und nach Belieben mit den verschiedenen Gemüse- und Obstsorten aufspießen.

Salami-Mozzarella-Spieße

Zutaten für ca. 12 Stück:

12 Cocktailtomaten
12 Mini-Mozzarellabällchen
12 Scheiben italienische Salami
1 EL Pesto Verde, z. B. von Bertolli
1–2 EL Olivenöl extra vergine
Salz
schwarzer Pfeffer, grob gemahlen

Holzspießchen

Zubereitung:

1. Die Cocktailtomaten waschen und abtrocknen. Die Mozzarellakugeln auf ein Sieb gießen und abtropfen lassen. Jeweils 1 Tomate, 1 Mozzarellabällchen und 1 Salamischeibe abwechselnd auf einen Holzspieß stecken.

2. Das Pesto und das Olivenöl verrühren. Die Spieße mit Salz und Pfeffer würzen und die Pesto-Marinade darübergeben.

Tipp: Sie können zusätzlich entsteinte Oliven, getrocknete Tomaten oder gegrillten Paprika auf die Spieße stecken.

Bruschettas, Minipizzen und Stangengebäck

Schweizer Gemüse-Käse-Würfel

Zutaten für ca. 26 Stück:

Für den Spätzleteig:
500 g Spätzle-Mehl, z. B. Aurora Bestes Korn
5 Eier
Salz

Außerdem:
1 Stange Lauch
2 Karotten
80 g luftgetrockneter Schinken in Scheiben
200 g Raclette-Käse, grob gerieben
Muskat
Salz, Pfeffer
2–3 EL Butterschmalz

Für den Guss:
250 g Schmand
200 ml Milch
6 Eier
Salz, Pfeffer

Zubereitung:

1. Die Spätzle nach dem Grundrezept mit den Eiern, 185–250 ml Wasser und 1 Prise Salz nach Packungsanweisung zubereiten.

2. Den Lauch putzen und in Streifen schneiden. Die Karotten schälen und grob reiben. Den Schinken klein schneiden und mit Käse, Lauch, Karotten und Spätzle gründlich vermengen. Mit Salz, Pfeffer und Muskat würzen.

3. In einer großen beschichteten Bratpfanne mit hohem Rand Butterschmalz erhitzen, die Spätzlemischung zugeben und unter Rühren 5 Minuten anbraten.

4. Den Schmand, die Milch und die Eier verquirlen, mit Salz und Pfeffer würzen und über die leicht angedrückte Spätzlemischung in der Pfanne gießen. Bei kleiner bis mittlerer Hitze 20 Minuten zugedeckt stocken lassen. Dann auf eine Platte oder den Pfannendeckel stürzen und von der anderen Seite 10 Minuten bei mittlerer Hitze braten. Den Kuchen auf eine Platte stürzen und warm oder kalt in ca. 3–4 cm große Würfel schneiden.

Tipp: Sie können je nach Geschmack auch andere Gemüse untermischen, z. B. Zucchini, Paprika oder Spinat.

Garnelen-Knoblauch-Spieße

Zutaten für ca. 4 Personen:

2 rote Paprikaschoten
200 g küchenfertige Garnelen
12 eingelegte Knoblauchzehen
4 EL Olivenöl
3 TL Knoblauch-Pfeffer
1 TL Kräuter der Provence
Pflanzenöl zum Braten

Für den Dip:
150 g Crème fraîche
5 TL Tomaten-Gewürzmischung,
z. B. Let's Dip „Tomate" von Fuchs
einige Tropfen Hot-Pepper-Soße

Tipp: Das Messer mit der flachen Seite auf den Knoblauch legen und kurz mit der Hand draufschlagen. Nun lässt sich die Schale ganz einfach abziehen.

Zubereitung:

1. Paprikaschoten halbieren, putzen, waschen und in Rauten schneiden. Garnelen unter fließend kaltem Wasser waschen, mit Küchenkrepp trocken tupfen und mit Paprikastücken und Knoblauchzehen auf Holzspieße reihen.

2. Olivenöl, Knoblauch-Pfeffer und Kräuter der Provence verrühren und die Spieße damit bestreichen.

3. Öl in einer Pfanne erhitzen und die Spieße ca. 5 Minuten von allen Seiten darin braten.

4. Tomaten-Gewürzmischung mit Crème fraîche verrühren und mit einigen Tropfen Hot-Pepper-Soße würzig-scharf abschmecken. Den Dip zu den Garnelen-Knoblauch-Spießen servieren.

Paprika-Schnecken

Zutaten für ca. 20 Stück:

2 gelbe Paprikaschoten
1 rote Paprikaschote
1 EL Olivenöl, z. B. von Bertolli
1 Beutel Fertigsoße, z. B. Knorr Fix
für Spaghetti Napoli
200 g Salami
1 Packung Pizzateig, z. B. von Mondamin
Mehl für die Arbeitsfläche

Zubereitung:

1. Die Paprikaschoten halbieren, entkernen, waschen und fein würfeln. Im heißen Olivenöl kurz anbraten.

2. 250 ml Wasser dazugießen, die Fertigsoße einrühren und bei schwacher Hitze ca. 2 Minuten garen. Anschließend abkühlen lassen. Die Salami fein würfeln und unterrühren.

3. Backofen auf 200 °C (Umluft 180 °C) vorheizen. Pizzateig nach Packungsanweisung zubereiten und zu einem glatten Teig verkneten.

4. Den Teig auf einer bemehlten Arbeitsfläche zu einem ca. 50 x 30 cm großen Rechteck ausrollen, die Paprikamasse darauf verteilen. Anschließend den Teig von der langen Seite her aufrollen.

5. Von der Teigrolle 2 cm dicke Schnecken abschneiden und auf ein mit Backpapier belegtes Blech legen. Im heißen Backofen ca. 30 Minuten backen.

Tipp: Das Gebäck vor dem Backen mit Sesam oder Sonnenblumenkernen bestreuen.

Fingerfood

Pizza-Taschen

Zutaten für 4 Personen:

Für den Teig:
200 g Quark (40 % Fett), 200 g Mehl
200 g Margarine, z. B. von Sanella
Salz

Für die Füllung:
50 g Frühlingszwiebeln
250 g frische Champignons
100 g geräucherter Schinken
4 EL scharfer Ketchup
Oregano, 100 g geriebener Käse
Salz, Pfeffer
2 EL Pflanzenöl zum Braten
Margarine zum Bestreichen

Zubereitung:

1. Quark, Mehl, Margarine und Salz zu einem Quark-Blätterteig verkneten und in Folie gewickelt 30 Minuten ruhen lassen.

2. Für die Füllung Frühlingszwiebeln waschen, putzen und in feine Ringe schneiden. Die Champignons putzen und in dünne Scheiben schneiden. Den Schinken würfeln. Das Öl in einer Pfanne erhitzen und die Frühlingszwiebeln darin andünsten. Den gewürfelten Schinken und die Champignons kurz mitbraten. Ketchup dazugeben, mit Salz, Pfeffer und Oregano abschmecken und den geriebenen Käse unterheben.

3. Den Backofen auf 180 °C (Umluft 155 °C) vorheizen. Den Teig auf einer bemehlten Arbeitsfläche ausrollen, 10 x 10 cm große Rechtecke ausschneiden und mit je 1 EL Füllung belegen. Zusammenklappen, Ränder festdrücken und die Taschen mit flüssiger Margarine bestreichen. Im Backofen bei ca. 40 Minuten backen.

Schnecken, Rollen und Taschen

Pesto-Schnecken

Zutaten für ca. 17 Stück:

1 Packung TK-Blätterteig, z. B. von
Café Condito (10 Scheiben à 45 g)
1 Ei, 25 g Rucola
70 g Pesto Rosso
25 g geriebener Parmesan

Zubereitung:

1. Den Blätterteig nach Packungsanweisung auftauen lassen. Den Backofen auf 200 °C (Umluft 180 °C) vorheizen. Die Ränder der Blätterteigquadrate mit verquirltem Ei bestreichen, leicht überlappend nebeneinander legen und fest andrücken, sodass eine große Platte entsteht.

2. Den Rucola putzen, waschen, trocknen und grob hacken. Den Blätterteig mit Pesto Rosso bestreichen und mit Rucola bestreuen. Dabei muss an einer langen Seite ein ca. 1 cm breiter Rand frei bleiben.

3. Den Blätterteig von der bestrichenen Längsseite her aufrollen und gut andrücken. Die Rolle in ca. 1 cm dicke Scheiben schneiden und die Schnecken auf ein mit Backpapier ausgelegtes Backblech legen. Mit dem restlichen Ei bestreichen, mit Parmesan bestreuen und ca. 15–20 Minuten goldbraun backen.

Croissants mit Frischkäse-Füllung

Zutaten für 4 Personen:

1 Packung TK-Blätterteig, z.B. von Café Condito (10 Scheiben à 45 g)
3 Frühlingszwiebeln
2 kleine Tomaten
2 TL TK-Kräuter der Provençe
300 g Frischkäse
Paprikapulver, edelsüß
1 Eigelb
2 EL Milch
Salz
schwarzer Pfeffer, grob gemahlen

Zubereitung:

1. Die Blätterteigquadrate nach Packungsanweisung auftauen lassen. Die Frühlingszwiebeln putzen, waschen und in Ringe schneiden. Die Tomaten waschen und fein würfeln. Die Frühlingszwiebeln und die Kräuter unter den Frischkäse mischen und mit Salz, Pfeffer und Paprikapulver abschmecken.

2. Den Backofen auf 220 °C (Umluft 200 °C) vorheizen. Die Blätterteigquadrate jeweils diagonal halbieren, sodass Dreiecke entstehen. Die Frischkäsemasse daraufgeben und mit Tomatenwürfeln bestreuen. Eigelb und Milch verquirlen und die Teigränder damit bestreichen.

3. Die Blätterteigdreiecke von der breiten Seite zu kleinen Croissants aufrollen und mit der restlichen Mischung aus Eigelb und Milch bestreichen. Auf ein mit Backpapier ausgelegtes Blech legen und ca. 20 Minuten backen.

Schnecken, Rollen und Taschen

Gefüllte Linsen-Taschen

Zutaten für ca. 20 Stück:

Für den Teig:
½ Würfel Hefe
225 ml Milch, lauwarm
1 Prise Zucker
60 g Margarine, z. B. von Sanella
375 g Mehl
Salz

Für die Füllung:
75 g Linsen
100 g Schafskäse
2 Knoblauchzehen
75 g Naturjoghurt
1 EL Tomatenmark
1 TL Kräuter der Provence
1 TL Oregano
1 Prise Zucker
1 Eigelb
Salz
Pfeffer, frisch gemahlen

Zubereitung:

1. Die Hefe in die lauwarme Milch bröckeln, 1 Prise Zucker zufügen und ca. 10 Minuten gehen lassen. Die Margarine in einem Topf schmelzen und mit dem Mehl und ½ TL Salz in eine Schüssel geben. Die Hefemilch dazugeben und alles mit den Knethaken des Handrührgerätes zu einem geschmeidigen Teig verkneten. Zugedeckt an einem warmen Ort ca. 30 Minuten gehen lassen.

2. Die Linsen nach Packungsanweisung kochen und abgießen. Schafskäse zerbröckeln, Knoblauch schälen und fein hacken und alles mit den Linsen vermischen. Joghurt, Tomatenmark, Kräuter der Provence und Oregano dazugeben. Die Mischung gut durchrühren und mit Salz, Pfeffer und Zucker abschmecken. Den Backofen auf 200 °C (Umluft 180 °C) aufheizen.

3. Den Hefeteig nochmals kurz durchkneten, dann ca. 0,5 cm dick ausrollen und Kreise (Ø 10 cm) ausstechen. Jeden Kreis mit einem gehäuften TL Füllung belegen. Eigelb mit 1 EL Wasser verrühren und die Teigränder damit bestreichen. Teigstücke zusammenklappen und die Ränder fest andrücken.

4. Die Teigtaschen mit dem restlichen Eigelb bestreichen. Auf ein mit Backpapier ausgelegtes Backblech legen und ca. 20 Minuten backen.

Hafer-Taschen mit Spinat-Füllung

Zutaten für 12 Stück:

Für den Teig:
300 g Weizenmehl (Type 550)
150 g zarte Haferflocken, z. B. von Kölln
1 Päckchen Trockenhefe
1 Prise Zucker
50 g Margarine
2 Eier
Salz

Für die Füllung:
1 Zwiebel
1 kg Spinat (frisch oder TK)
100 g Katenschinken
150 g Parmesan
2 EL Speisequark
1 Ei
1 EL Instant-Gemüsebrühe
2 EL Pflanzenöl, z. B. von Biskin®
Salz, Pfeffer

Zum Bestreichen und Bestreuen:
1 Eigelb
Parmesan
Haferflocken

Zubereitung:

1. Mehl, Haferflocken und ½ TL Salz mischen. Hefe mit Zucker und 200 ml lauwarmem Wasser verrühren und dazugeben. Margarine und Eier hinzufügen. Die Zutaten verkneten und abgedeckt 1 Stunde an einem warmen Ort gehen lassen.

2. Zwiebel pellen, würfeln und in Pflanzenöl anschwitzen. Spinat hinzufügen und kurz ankochen, auf einem Sieb abtropfen lassen. Schinken in Streifen schneiden und mit Parmesan, Quark, Ei und Brühe zum abgetropften Gemüse geben. Die Füllung mit Salz und Pfeffer würzen. Den Backofen auf 190 °C (Umluft 170 °C) vorheizen.

3. Den Hefeteig auf einer bemehlten Fläche zu einem Rechteck ausrollen. In 12 Quadrate teilen und die Füllung jeweils in die Mitte der Quadrate setzen. Anschließend die Quadratspitzen in der Mitte zusammenlegen, sodass Taschen entstehen. Diese auf ein mit Backpapier ausgelegtes Blech legen und im Backofen 30 Minuten backen. Danach mit verquirltem Eigelb bestreichen, mit Parmesan und Haferflocken bestreuen und weitere 10 Minuten backen.

Schnecken, Rollen und Taschen

Oliven-Kugeln mit Pecorino

Zutaten für ca. 20 Stück:

100 g Mehl
125 g geriebener Pecorino-Käse
6 EL Olivenöl extra vergine, z. B. von Bertolli
1 Eiweiß
Cayennepfeffer
½ TL getrocknete Lavendelblüten
20 grüne Oliven
20 ganze Mandeln, geschält
Salz

Zubereitung:

1. Mehl, Käse, Olivenöl und Eiweiß mit Salz, 1 Prise Cayennepfeffer und den Lavendelblüten zu einem glatten Teig verkneten. Teig zu einer Rolle formen, in Klarsichtfolie wickeln und ca. 30 Minuten kalt stellen.

2. Backofen auf 225 °C (Umluft 200 °C) vorheizen. Grüne Oliven gut abtropfen lassen und mit je einer Mandel füllen. Teigrolle in 20 Scheiben schneiden. In jede Scheibe 1 Olive drücken, den Teig fest verschließen und zu einer Kugel formen.

3. Teigkugeln auf ein mit Backpapier belegtes Backblech setzen und im Backofen 15–20 Minuten backen.

Tipp: Sie können den Lavendel auch durch Thymian oder Rosmarin ersetzen.

Blätterteig-Schnecken

Zutaten für ca. 30 Stück:

3 Scheiben Toastbrot
1 Eiweiß
je 1 EL Pesto Rosso und Pesto Verde,
z. B. von Bertolli
1 Packung TK-Blätterteig
(275 g, 25 x 42 cm)
Basilikum zum Garnieren

Zubereitung:

1. Das Toastbrot entrinden und fein zerbröseln, mit Eiweiß verrühren. Die Masse halbieren. Pesto Rosso und Pesto Verde unter jeweils eine Hälfte rühren.

2. Den Blätterteig entrollen. Erst längs halbieren, dann quer in der Mitte durchschneiden. 2 Rechtecke mit der grünen Füllung und 2 Rechtecke mit der roten Füllung bestreichen, dabei an der Längsseite einen 1 cm breiten Rand freilassen. Den Backofen auf 225 °C (Umluft 200 °C) vorheizen.

3. Jeweils 1 rote und 1 grüne Teigplatte aufeinanderlegen. Beide zusammen von der Längsseite her locker aufrollen. Die Teigrollen mit einem Sägemesser in ca. 1 cm dicke Scheiben schneiden und auf 2 mit Backpapier belegte Backbleche legen. Im Backofen ca. 12 Minuten backen. Warm oder kalt servieren und mit Basilikum garnieren.

Schnecken, Rollen und Taschen 63

Herzhafte Schnecken

Zutaten für ca. 16 Stück:

Für die Füllung:
1 Zwiebel, 3 Tomaten
50 g grüne Oliven, entsteint
200 g gekochter Schinken, ohne Fettrand
75 g Gouda, gerieben
½–1 EL Oregano, getrocknet
Salz, Pfeffer

Für den Teig:
150 g Magerquark
100 g Margarine, z. B. Sanella
1 EL Thymian, getrocknet
1 Ei, 250 g Mehl
½ Päckchen Backpulver
Salz

Zum Bestreichen und Bestreuen:
1 Eigelb
100 g Gouda, grob gerieben

Zubereitung:

1. Für die Füllung Zwiebel schälen, Tomaten waschen, halbieren und entkernen. Zwiebel, Tomaten, Oliven und Schinken fein würfeln. Alle Zutaten mit dem Quark verrühren und mit Salz, Pfeffer und Oregano kräftig würzen.

2. Für den Teig Quark, zimmerwarme Margarine, 1 TL Salz, Thymian und Ei mit den Rührbesen eines Handrührers verrühren. Mehl und Backpulver mischen, sieben und löffelweise mit den Knethaken des Handrührers unter den Teig kneten, eventuell mit den Händen nachkneten. Den Backofen auf 200 °C (Umluft 180 °C) vorheizen.

3. Teig in zwei Teile schneiden. Jede Hälfte auf einer bemehlten Arbeitsfläche zu einer ca. 40 x 25 cm großen Platte ausrollen. Die Füllung gleichmäßig auf den Teigplatten verteilen und diese zu einer ca. 25 cm langen Rolle formen.

4. Jede Rolle in 8 Scheiben schneiden, auf ein mit Backpapier ausgelegtes Backblech legen und etwas platt drücken. Teigschnecken mit verquirltem Eigelb bestreichen, mit Käse bestreuen und im Backofen ca. 35 Minuten goldgelb backen.

Fingerfood

Schinken-Käse-Schnecken

Zutaten für ca. 20 Stück:

1 Packung TK-Blätterteig (450 g)
2 Eigelb
200 g Schwarzwälder Schinken, geschnitten, z. B. Original Wein's Schwarzwälder Schinken
70 g Käse, gerieben (Emmentaler oder Appenzeller)
evtl. 1 EL Kümmel

Zubereitung:

1. Blätterteig nach Packungsanweisung auftauen lassen. Backofen auf 200 °C (Umluft 180 °C) vorheizen.

2. Ränder der Teigplatten mit Eigelb bestreichen, leicht überlappend nebeneinander legen und fest aufeinander drücken, sodass eine große Platte entsteht.

3. Blätterteig mit Schinken belegen, von einer Längsseite her aufrollen und gut andrücken. Rolle in etwa 1 cm dicke Scheiben schneiden. Schnecken auf ein mit Backpapier belegtes Backblech legen, mit Eigelb bestreichen, geriebenen Käse und nach Geschmack Kümmel darüberstreuen. Im Backofen ca. 20–25 Minuten goldbraun backen.

Schnecken, Rollen und Taschen

Zwerg-Mützen

Zutaten für 40 Stück:

1 Packung Pizzateig, z. B. von Henglein (400 g)
40 Cocktailwürstchen
1 Eigelb
½ TL Thymian, getrocknet
60 g Käse, gerieben (Emmentaler)

Tipp: Die Zwerg-Mützen schmecken noch besser mit Ketchup.

Zubereitung:

1. Den Backofen auf 200 °C (Umluft 180 °C) vorheizen. Den Pizzateig ausrollen, 20 ca. 7 x 7 cm große Rechtecke ausschneiden und diese diagonal halbieren. Ein Backblech mit Backpapier auslegen.

2. Auf die Teig-Dreiecke jeweils 1 Cocktailwürstchen setzen und zu Hörnchen aufrollen.

3. Das Eigelb verquirlen. Thymian und Käse vermischen. Die Hörnchen mit Eigelb bestreichen, mit der Käse-Thymian-Mischung bestreuen und ca. 10–15 Minuten goldbraun im Ofen backen.

Zucchini-Hack-Röllchen

Zutaten für 18 Stück:

1 kleine Zucchini (ca. 150 g)
2 EL Pinienkerne
1 Beutel Knorr Fix für Griechischen Hackbraten
350 g Hackfleisch
1 Packung dreieckige Yufka-Teigblätter (18 Stück)
1 EL Mehl
Pflanzenöl zum Braten

Zubereitung:

1. Die Zucchini waschen und grob raspeln. Die Pinienkerne in einer beschichteten Pfanne ohne Zugabe von Fett goldgelb rösten.

2. Den Beutelinhalt Fix für Griechischen Hackbraten in eine Schüssel geben und mit 125 ml lauwarmem Wasser mischen. Hackfleisch, Zucchiniraspel und Pinienkerne zufügen und gut vermischen.

3. Aus dem Hackfleischteig 18 gleich große, fingerdicke Röllchen formen. Die Yufka-Teigblätter mit der Spitze nach oben auf einer Arbeitsplatte ausbreiten. Je ein Hackröllchen auf das lange untere Ende eines Teigblattes legen und zur Spitze hin aufrollen. Mehl mit 2 EL Wasser verrühren, die Teigspitze damit bestreichen und fest andrücken.

4. Die Röllchen in einer großen Pfanne im heißen Öl bei mittlerer Hitze ca. 6 Minuten rundherum goldgelb braten. Auf Küchenkrepp abtropfen lassen und servieren.

Schnecken, Rollen und Taschen

Kraft-Päckchen mit Schafskäse

Zutaten für 4 Personen:

Für den Grießteig:
3 EL Olivenöl
200 g Hartweizen-Grieß, z.B. von Goldpuder
2 Eigelb, Salz

Für den Dip:
1 kleine grüne Paprikaschote
1 kleine rote Chilischote
1 Schalotte, 1 Knoblauchzehe
2 EL Pflanzenöl
1 Dose Tomaten in Stücken (425 ml)
1 TL Balsamico-Essig, hell
1 TL Honig, Salz, Pfeffer

Für die Füllung:
150 g Schafskäse
2 EL glatte Petersilie, gehackt
50 g Walnüsse, grob gehackt
Salz, Pfeffer

Grieß für die Arbeitsfläche
1 Eigelb zum Bestreichen
Fett für die Fritteuse

Zubereitung:

1. Für den Grießteig 300 ml lauwarmes Wasser mit Olivenöl und ½ TL Salz zum Kochen bringen. Grieß unter Rühren einrieseln lassen, bis ein glatter Kloß entsteht. Noch ca. 1 Minute erhitzen und in eine Schüssel füllen. Die Eigelbe unterrühren und den Teig ca. 15 Minuten ruhen lassen.

2. Für den Dip Paprika- und Chilischote halbieren, Kerngehäuse entfernen und Schoten waschen. Schalotte und Knoblauchzehe abziehen. Schalotte, Paprika- und Chilischote fein würfeln, Knoblauch zerdrücken und alles in erhitztem Öl andünsten. Tomaten zugeben, ca. 20 Minuten köcheln lassen, mit Salz, Pfeffer, Essig und Honig abschmecken.

3. Für die Füllung Schafskäse mit einer Gabel zerdrücken, mit Petersilie und Walnüssen vermischen, mit Salz und Pfeffer würzen.

4. Grieß-Teig zu zwölf kleinen Kugeln formen, auf einer mit Grieß bestreuten Arbeitsfläche oval ausrollen, mit der Käsemischung füllen, die Ränder mit verquirltem Eigelb bestreichen, zu Taschen zusammenklappen und die Ränder gut andrücken. Fett in einer Fritteuse erhitzen, Taschen ca. 5 Minuten goldbraun ausbacken und mit dem Dip servieren.

Fingerfood

Bauern-Croissants

Zutaten für ca. 16 Stück:

500 g Brotbackmischung für Bauernbrot, z. B. von Aurora

Für die Füllung:
1 kleine Zwiebel
400 g Hackfleisch, gemischt
1 Dose Pizzatomaten, in Stücken (250 g)
1 Bund Schnittlauch
Paprika, Oregano
100 g Käsewürfel, 2 EL Pflanzenöl
Salz, Pfeffer

Zubereitung:

1. Den Teig nach Packungsanweisung mit 340 ml lauwarmem Wasser zubereiten und abgedeckt 30 Minuten an einem warmen Ort gehen lassen. Anschließend noch einmal kurz durchkneten, zu einem Laib formen und abgedeckt weitere 30 Minuten gehen lassen.

2. Den Teig ausrollen und Dreiecke ausschneiden. Die Zwiebel würfeln und zusammen mit dem Hackfleisch im erhitzten Öl in der Pfanne anbraten. Die Tomaten zufügen und alles einkochen lassen. Den Schnittlauch fein schneiden, zum Fleisch geben und alles mit Paprika und Oregano kräftig würzen. Zuletzt die Käsewürfel untermischen.

3. Die Masse auf die Teigecken verteilen, diese aufrollen. Die Croissants auf ein mit Backpapier ausgelegtes Blech setzen und 20 Minuten gehen lassen. Den Backofen auf 180 °C (Umluft 160 °C) vorheizen und die Croissants 20 Minuten backen.

Schnecken, Rollen und Taschen

Asia-Bällchen

Zutaten für ca. 30 Stück:

1 Packung TK-Blätterteig, z. B. von Café Condito (10 Scheiben à 45 g)
1 Zwiebel
600 g Hackfleisch, gemischt
3 TL Sesam
3 EL Paniermehl
1 Ei
1–2 TL Currypulver
½–1 TL Ingwerpulver
1 Ei zum Bestreichen
Salz
Pfeffer, frisch gemahlen
100 ml Asia-Soße, süßsauer

Zubereitung:

1. Den Backofen auf 200 °C (Umluft 180 °C) vorheizen. Den Blätterteig nach Packungsanweisung auftauen lassen.

2. Die Zwiebel schälen, in kleine Würfel schneiden, mit Hackfleisch, Sesam, Paniermehl, Ei und den Gewürzen vermengen und zu kleinen Bällchen formen.

3. Jede Blätterteigscheibe in 12 ca. 1 cm breite Streifen schneiden. Jeden Streifen an beiden Enden ca. 2 cm tief einschneiden und mit verquirltem Ei bestreichen. Je 4 Streifen als Doppelkreuz aufeinanderlegen, 1 Hackbällchen in die Mitte setzen, die Streifen darüber zusammenlegen und etwas andrücken.

4. Den Blätterteig mit dem verbliebenen Ei bestreichen, auf ein mit Backpapier ausgelegtes Blech setzen und ca. 20–25 Minuten im Backofen goldbraun backen. Die Hackbällchen mit der süßsauren Soße servieren.

Fingerfood

Frühlingspäckchen mit Asia-Füllung

Zutaten für ca. 10 Stück:

1 Packung TK-Blätterteig, z. B. von Café Condito (10 Scheiben à 45 g)
100 g küchenfertige Garnelen
1 Karotte, 3 Frühlingszwiebeln
50 g Glasnudeln, 2 EL Sojasoße
½ TL Ingwerpulver oder frischer Ingwer, ½ TL Sambal Oelek
1 Ei, 2 EL Erdnussöl

Für den Dip:
50 ml Sojasoße, 50 ml Reiswein

Zubereitung:

1. Backofen auf 200 °C (Umluft 180 °C) vorheizen. Blätterteig nach Packungsanweisung auftauen lassen.

2. Garnelen unter fließend kaltem Wasser waschen und trocken tupfen. Karotte schälen, waschen und beides fein würfeln. Frühlingszwiebeln putzen, waschen und in feine Ringe schneiden.

3. Glasnudeln nach Packungsanweisung zubereiten und in Stücke schneiden. Garnelen, Karotte, Frühlingszwiebeln und Glasnudeln in heißem Erdnussöl andünsten. Garnelen-Gemüse-Mischung mit Sojasoße, Ingwer(-pulver) und Sambal Oelek vermischen. Auf die Mitte der Blätterteigscheiben geben, Ränder mit verquirltem Ei bestreichen und zu Dreiecken falten, die Ränder gut andrücken.

4. Blätterteig auf ein mit Backpapier ausgelegtes Backblech legen, mit restlichem Ei bestreichen und ca. 15–20 Minuten goldbraun backen.

5. Für den Dip Sojasoße und Reiswein verrühren und zu den Frühlingsecken servieren.

Käse-Kräuter-Hörnchen

Zutaten für 8 Stück:

Für den Quark-Öl-Teig:
250 g Weizenmehl Type 550, z. B. von Goldpuder
2 TL Backpulver, 1 Ei, 125 g Magerquark,
50 ml Milch, 50 ml Pflanzenöl, Salz

Für die Füllung:
50 g getrocknete Tomaten in Öl
100 g Schafskäse, 200 g Frischkäse
1 EL gehackte Petersilie
je ½ TL Thymian und Oregano, getrocknet
Salz, Pfeffer

Zum Bestreuen:
50 g Käse, gerieben

Zubereitung:

1. Für den Quark-Öl-Teig Mehl und Backpulver vermischen. Ei trennen und Eiweiß dazugeben. Quark, Milch, Öl und 1 TL Salz hinzufügen. Alles zu einem glatten Teig verkneten.

2. Teig auf einer bemehlten Arbeitsfläche zu einem Quadrat (ca. 34 cm x 34 cm) ausrollen, in 4 gleich große Quadrate schneiden. Jedes Quadrat diagonal halbieren, sodass 8 Dreiecke entstehen. Den Backofen auf 200 °C (Umluft 180 °C) vorheizen.

3. Für die Füllung getrocknete Tomaten abtropfen lassen und mit dem Schafskäse in kleine Würfel schneiden. Beides mit Frischkäse vermischen und mit Petersilie, Thymian und Oregano verfeinern. Käsecreme kräftig mit Salz und Pfeffer würzen.

4. Die Füllung auf den Teigecken verteilen. Dabei einen ca. ½ cm breiten Rand frei lassen. Teigdreiecke von der breiten Seite her zu Hörnchen aufrollen und auf ein mit Backpapier ausgelegtes Backblech legen. Mit restlichem Eigelb bestreichen, mit geriebenem Käse bestreuen und ca. 20 Minuten backen.

Würstchen im Schlafrock

Zutaten für 8 Stück:

4 rechteckige Scheiben TK-Blätterteig (ca. 300 g)
4 Wiener Würstchen (ca. 350 g)
200 g Doppelrahmfrischkäse
1 Beutel Knorr Fix für Spinat-Lasagne
1 Bund Frühlingszwiebeln

Zubereitung:

1. Blätterteigscheiben ausbreiten und antauen lassen. Wiener Würstchen halbieren. Backofen auf 220 °C (Umluft 200 °C) vorheizen.

2. Frischkäse mit 4 EL Wasser und dem Beutelinhalt Fix für Spinat-Lasagne verrühren. Frühlingszwiebeln putzen, waschen, in feine Ringe schneiden und hinzufügen.

3. Teigplatten halbieren und jeweils auf die Länge einer Würstchenhälfte ausrollen. Frischkäsemasse auf den Teigstücken verstreichen, rundherum einen 1 cm breiten Rand frei lassen. Würstchen darauflegen.

4. Teigränder mit Wasser bestreichen und von der langen Seite her aufrollen. Enden andrücken und mit der Naht nach unten auf ein mit Backpapier ausgelegtes Backblech geben und ca. 25 Minuten backen. Kalt oder warm servieren.

Schnecken, Rollen und Taschen

Lachs-Krabben-Dill-Muffins

Zubereitung:

1. Das Muffin-Blech einfetten und in den Gefrierschrank stellen. Den Backofen auf 180 °C (Umluft 160 °C) vorheizen. Lachsfilet unter fließend kaltem Wasser abwaschen, mit Küchenkrepp trocken tupfen und in ca. 1 cm große Würfel schneiden. Dill waschen, trocken schütteln, Blättchen von den Stielen zupfen und klein schneiden. Lachs und Shrimps mit Dill, Zitronensaft und 1 Prise Pfeffer marinieren.

2. Mehl und Backpulver sorgfältig vermischen. Ei, Margarine und Buttermilch mit den Rührbesen des Handrührers gut verrühren. Lachs und Shrimps vorsichtig unterziehen. Die Mehlmischung dazugeben und nur so lange rühren, bis die trockenen Zutaten feucht sind.

3. Muffin-Mulden mit Teig füllen. Muffins im Blech ca. 5 Minuten ruhen lassen, dann herausnehmen und warm oder kalt servieren.

Zutaten für ca. 12 Stück:

160 g Lachsfilet
1 Bund Dill
100 g Shrimps
2 TL Zitronensaft
250 g Mehl
3 TL Backpulver
1 Ei
80 g Margarine, z. B. von Rama
300 ml Buttermilch
Pfeffer

Avocado-Muffins

Zutaten für ca. 12 Stück:

1 Avocado
1–2 TL Zitronensaft
1 kleine Knoblauchzehe
5 Frühlingszwiebeln
1 Zweig Thymian
250 g Mehl
2 ½ TL Backpulver
½ TL Natron
100 g Butter, weich, z. B. von Du darfst
1 Ei
200 ml Buttermilch
50 g Parmesan, gerieben
Salz, Pfeffer

Zubereitung:

1. Avocado waschen, halbieren, den Stein entfernen und schälen. 100 g Fruchtfleisch klein würfeln, mit Zitronensaft beträufeln, salzen und pfeffern. Knoblauch schälen, zerdrücken und untermischen. Frühlingszwiebeln putzen, waschen und in feine Ringe schneiden. Thymianblättchen abzupfen. Backofen auf 180 °C (Umluft 160 °C) vorheizen.

2. Mehl, Backpulver, Natron, ½ TL Salz, Frühlingszwiebeln und Thymian mischen. Weiche Butter, Ei, Buttermilch und Parmesan verquirlen, Avocado zugeben. Die Mehlmischung zufügen und mit einem Kochlöffel nur so lange rühren, bis die trockenen Zutaten benetzt sind.

3. Ein Muffin-Blech einfetten und die Mulden zu ¾ mit Teig füllen. Im Backofen auf der mittleren Schiebeleiste ca. 25 Minuten backen.

Tipp: Wenn Sie nur das halbe Rezept zubereiten möchten, dann lassen Sie die andere Hälfte der Avocado am Kern und beträufeln Sie sie mit Zitronensaft. Mit Folie bedeckt bleibt sie im Kühlschrank länger frisch.

Muffins

Bacon-Paprika-Muffins

Zutaten für ca. 12 Stück:

1 Schalotte
1 rote Spitzpaprika
2 Zweige Thymian
100 g Schafskäse
6 EL Olivenöl, z. B. von Livio
100 g Bacon, in Scheiben
1 EL abgeriebene Limettenschale, unbehandelt
200 g Weizenmehl
100 g Maisgrieß
3 EL Backpulver
2 Eier
200 ml Haferdrink, z. B. Kölln Smelk Haferdrink Classic
Salz, Pfeffer

Zubereitung:

1. Schalotte abziehen und fein hacken. Paprika halbieren, putzen, waschen und in hauchdünne Streifen schneiden. Thymianblättchen von den Stängeln streifen. Schafskäse grob zerbröckeln.

2. 1 EL Olivenöl erhitzen, Bacon darin knusprig braten. Schalotte, Paprika und Thymian zugeben und kurz dünsten. Mit Pfeffer und Limettenschale würzen, abkühlen lassen.

3. Mehl, Maisgrieß und Backpulver mischen. Eier, Haferdrink und 5 EL Olivenöl unterrühren. Bacon-Mischung und Käse unter den Teig heben. Mit Salz und Pfeffer würzen.

4. Den Backofen auf 180 °C (Umluft 160 °C) vorheizen. Muffin-Blech einfetten bzw. je 2 Muffin-Förmchen ineinanderstellen. Teig in Mulden oder Förmchen füllen. Eigelb und 1 EL Wasser verquirlen, jeweils die Teigoberfläche damit bestreichen.

5. Muffins auf der zweiten Schiebeleiste von unten ca. 25 Minuten backen. Kurz abkühlen lassen. Muffins vorsichtig aus der Form lösen und noch warm servieren.

Fingerfood

Lauch-Schinken-Muffins

Zutaten für ca. 12 Stück:

4 Frühlingszwiebeln
1 Chilischote
½ Bund Petersilie
½ Bund Schnittlauch
300 g Mehl
3 TL Backpulver
140 ml Pflanzenöl
2 Eier
225 g Magerquark
250 ml Buttermilch
125 g Schwarzwälder Schinken, gewürfelt, z. B. Original Wein's Schwarzwälder Schinken
50 g geriebener Käse, Salz
Pfeffer, frisch gemahlen

Muffin-Förmchen

Zubereitung:

1. Backofen auf 180 °C (Umluft 160 °C) vorheizen. Frühlingszwiebeln putzen, waschen und in feine Ringe schneiden. Chilischote waschen, der Länge nach aufschneiden, die Kerne entfernen und die Schote in Ringe schneiden. Petersilie und Schnittlauch waschen, trocken schütteln und klein schneiden. Etwas Schnittlauch zum Garnieren zur Seite stellen.

2. Mehl mit Backpulver, Salz und Pfeffer vermischen. Öl, Eier, Magerquark und Buttermilch verrühren, Mehlmischung hinzufügen und mit Frühlingszwiebeln, Schinken, Petersilie, Schnittlauch und Chili vermischen.

3. Den Teig gleichmäßig auf Förmchen verteilen, mit Käse bestreuen und im Backofen bei ca. 40–45 Minuten goldbraun backen. Vor dem Servieren mit dem restlichen Schnittlauch garniert servieren.

Muffins

Couscous-Muffins mit Gemüse-Schinken-Würfeln

Zutaten für 12 Stück:

150 g Staudensellerie, 150 g Karotten
1 Zwiebel, 1 EL Pflanzenöl
200 g Couscous
3 TL Gemüse-Bouillon, z. B. von Knorr
100 g Kochschinkenwürfel, mager
3 Eier

Muffin-Förmchen

Zubereitung:

1. Staudensellerie putzen und waschen. Die Stangen zuerst der Länge nach vierteln, dann in feine Scheiben schneiden. Karotten und Zwiebel schälen und fein würfeln. Pflanzenöl erhitzen und die Gemüsewürfelchen darin bei schwacher Hitze ca. 5 Minuten garen. Backofen auf 200 °C (Umluft 180 °C) vorheizen.

2. Couscous in eine Schüssel geben, Gemüse-Bouillon zugeben und untermischen. Couscous mit 500 ml kochendem Wasser übergießen und ca. 5 Minuten quellen lassen.

3. Gemüse, Schinken und aufgeschlagene Eier zum Couscous geben und alles gut vermischen.

4. Muffin-Förmchen in die Mulden eines Muffin-Blechs mit 12 Vertiefungen setzen und Couscous-Mischung einfüllen. Im Backofen ca. 25–30 Minuten backen.

Tipp: Couscous, eine nordafrikanische Getreidespezialität aus feinem Weizengrieß, ist die Grundlage dieses pikanten Gebäcks. Ebenso wie Nudeln oder Kartoffeln hat auch Couscous keinen intensiven Eigengeschmack, sondern erhält durch die verwendete Brühe oder durch Kräuter und Gewürze immer wieder ein neues Aroma. Bei uns kauft man Couscous in gut sortierten Supermärkten.

Fingerfood

Spinat-Schafskäse-Muffins

Zutaten für ca. 12 Stück:

150 g TK-Blattspinat
1–2 Knoblauchzehen
200 g Schafskäse
½ TL geriebene Muskatnuss
½–1 TL Chilipulver
2 Eier
100 g geschmolzene Margarine, z. B. von Sanella
250 ml Buttermilch
250 g Mehl
1 Päckchen Backpulver
1 TL Salz

Für den Dip:

100 g Naturjoghurt, 100 g Schafskäse
3 Tomaten, getrocknet
¼ TL Cilipulver
2 TL Sesamsamen, geröstet

Zubereitung:

1. Spinat auftauen lassen, ausdrücken und grob schneiden. Knoblauch schälen und fein hacken. Schafskäse in kleine Würfel schneiden. Spinat mit Knoblauch, Muskatnuss und Chilipulver würzen. Backofen auf 200 °C (Umluft 180 °C) vorheizen.

2. Eier, Margarine und Buttermilch mit den Knethaken des Handrührers verrühren, Spinat dazugeben. Mehl, Backpulver und 1 TL Salz mischen und unterrühren. Schafskäse unter den Teig heben.

3. Teig in die Mulden eines gefetteten Muffin-Blechs füllen (oder in Papierförmchen und diese dann in die Mulden setzen) und im Backofen ca. 25 Minuten backen.

4. Für den Dip Joghurt und Schafskäse cremig rühren. Die getrockneten Tomaten fein hacken und mit dem Chilipulver und den gerösteten Sesamsamen unter die Joghurtcreme heben. Die Muffins mit dem Dip servieren.

Erdbeereis-Lutscher

Zutaten für 8 Stück:

250 g Erdbeeren
3 EL Honig
250 ml Schlagsahne, z. B. Rama Cremefine zum Schlagen

Zubereitung:

1. Erdbeeren putzen, waschen und trocknen. Zusammen mit dem Honig und der Cremefine mit dem Pürierstab fein pürieren.

2. Die Masse auf 8 kleine Wassergläser verteilen und diese dann in den Gefrierschrank stellen. Nach ca. 30 Minuten, wenn die Masse beginnt, fest zu werden, mittig in jedes Glas einen Eierlöffel stecken. Weitere 30 Minuten gefrieren lassen.

3. Vor dem Servieren für ca. 5–10 Minuten bei Raumtemperatur antauen lassen.

Walnuss-Hörnchen

Zutaten für 48 Stück:

Für den Teig:
200 g Margarine, z. B. von Sanella
200 g Frischkäse, fettreduziert
50 g Zucker
1 Päckchen Vanillinzucker
300 g Mehl
Schale einer ½ unbehandelten Orange

Zum Bestreuen:
100 g Walnüsse
100 g brauner Zucker
50 g Zucker

Zubereitung:

1. Margarine, Frischkäse, Zucker, Vanillinzucker, Mehl und Orangenschale mit den Knethaken des Handrührers zu einem glatten Teig verkneten. In Klarsichtfolie wickeln und ca. 30 Minuten im Gefrierfach kalt stellen.

2. Walnüsse in einer Küchenmaschine mahlen. Anschließend mit beiden Zuckersorten mischen. Den Backofen auf 180 °C (Umluft 160 °C) vorheizen.

3. Teig in 3 Portionen teilen. 4 gehäufte EL der Walnuss-Zucker-Mischung auf die Arbeitsfläche streuen, eine Teigportion zu einer Kugel formen, in der Mischung wenden und rund ausrollen. Dabei die Walnuss-Zucker-Mischung als Mehlersatz nutzen. Ausgerollten Teig mit 2 gehäuften EL der Walnuss-Zucker-Mischung bestreuen und wie eine Torte in 16 Stücke schneiden.

4. Teigdreiecke von der breiten Seite her aufrollen und die Enden der Hörnchen leicht nach unten biegen. Walnusshörnchen auf ein mit Backpapier ausgelegtes Backblech legen und auf mittlerer Schiene ca. 25 Minuten backen.

Tipp: Sehr lecker schmecken die Hörnchen auch mit gemahlenen Haselnüssen.

Süßes 81

Vanille-Bällchen

Zutaten für ca. 22 Stück:

1 Würfel Hefe
250 ml Milch, lauwarm
125 ml Sahne, lauwarm
5 Eier
65 g weiche Butter
500 g Mehl
2 EL Zucker
2 Prisen Kardamom, gemahlen, z.B. von Ostmann
2 Prisen Muskatnuss, gemahlen
1 TL Vanillezucker mit echter Bourbon-Vanille
Zucker
Zimt, gemahlen
Fett zum Ausbacken
Salz

Zubereitung:

1. Die Hefe mit 125 ml lauwarmer Milch und etwas Zucker vermischen und 15 Minuten ruhen lassen.

2. Die Hefemischung dann mit der restlichen Milch, mit Sahne, Eiern, Butter, Mehl, Zucker, 1 Prise Salz, Kardamom, Muskatnuss und Vanillezucker zu einem Hefeteig verkneten. Den Teig an einem warmen Ort abgedeckt ca. 60 Minuten gehen lassen.

3. Von dem Teig walnussgroße Stücke abstechen und in heißem Fett goldbraun ausbacken. Zucker und Zimt mischen, die Bällchen darin wenden und noch warm servieren.

Fruchtige Käse-Taschen und Käse-Hörnchen

Zutaten für ca. 60 Stück:

2 Packungen TK-Blätterteig (20 Scheiben), z. B. von Café Condito, 2 Eigelb, 2 TL Milch
Mehl zum Bestäuben
250 g Gouda, gerieben, zum Bestreuen

Für die Füllung der Käse-Taschen (ca. 40 Stück):
2 Bananen, 40 Cocktailkirschen
1 TL Ingwer, getrocknet und gemahlen, 1 Eiweiß

Für die Füllung der Käse-Hörnchen (ca. 20 Stück):
1 kleine Dose Pfirsiche (425 ml)
300 g Frischkäse, 4 EL Sahne, 1 cl Orangenlikör
2 EL Pistazien, gehackt, Curry, Salz

Zubereitung:

1. Blätterteigquadrate nach Packungsanweisung auftauen lassen. Backofen auf 200 °C (Umluft 180 °C) vorheizen.

2. Käse-Taschen: Die Hälfte der Teigblätter vierteln. Bananen schälen und in Scheiben schneiden. Je eine Bananenscheibe und eine Cocktailkirsche auf die Blätterteigquadrate geben und mit etwas Ingwer bestreuen. Je zwei Ecken der Quadrate mit Eiweiß bestreichen und in der Mitte zusammendrücken.

3. Käse-Hörnchen: Die verbliebenen Teigblätter in jeweils sechs gleich große Streifen schneiden. Aus Alufolie kleine Tüten drehen und mit Mehl bestäuben. Jeweils drei Streifen aneinanderlegen, spiralförmig von außen um die Alutüten wickeln und vorsichtig andrücken.

4. Eigelb mit Milch verrühren und die Gebäckstücke damit einstreichen. Käseteilchen mit dem geriebenen Gouda bestreuen. Auf einem mit Backpapier ausgelegten Blech die Käse-Taschen ca. 20–25 Minuten backen, die Käse-Hörnchen nach ca. 12–15 Minuten aus dem Ofen nehmen.

5. Die Käse-Hörnchen auskühlen lassen und vorsichtig die Alufolie entfernen. Pfirsiche abtropfen lassen und fein würfeln. Zusammen mit dem Frischkäse, der Sahne, dem Orangenlikör, Pistazien, Curry und Salz zu einer Creme verrühren und die Hörnchen damit füllen. Die Hörnchen nach Wunsch mit Sesam bestreut servieren.

Register

A
Asia-Bällchen 70
Avocado-Muffins 75

B
Bacon-Paprika-Muffins 76
Bauern-Croissants 69
Blätterteig-Schnecken 63
Bruschetta mit Pesto Genovese 36
Bruschetta mit Salami und Oliven 35

C
Canapés mit Matjes-Creme 32
Chicorée-Schiffchen mit Nussbrot 21
Chorizo-Quiches, scharfe 45
Coffee-Chili-Wraps 27
Couscous-Muffins mit Gemüse-
  Schinken-Würfeln 78
Croissants mit Frischkäse-Füllung 59
Crostini mit Avocado-Bärlauch-Creme 37

E
Erdbeereis-Lutscher 80

F
Focaccia 40
Frikadellen-Spießchen 49
Frühlingspäckchen mit Asia-Füllung 71
Frühlingsrollen, vegetarische 29

G
Garnelen-Knoblauch-Spieße 55
Gemüse mit Kräuter-Meerrettich-Dip 26
Gemüse-Käse-Würfel, Schweizer 54
Grissini mit Schwarzwälder Schinken 44

H
Hafer-Taschen mit Spinat-Füllung 61

K
Kartoffel-Bällchen mit Mango-Salsa 30
Käse-Fladenbrot 39
Käsefüße und Paprika-Stangen 42
Käse-Häppchen 52
Käse-Kräuter-Hörnchen 72
Käse-Kugeln 52
Käse-Röllchen, leichte 18
Käse-Spieße 52
Käse-Taschen, fruchtige 83
Käse-Hörnchen, fruchtige 83
Käse-Wraps 19
Kraft-Päckchen mit Schafskäse 68

L
Lachs-Krabben-Dill-Muffins 74
Lauch-Schinken-Muffins 77
Linsen-Taschen, gefüllte 60

M
Mini-Frikadellen mit Senf-Dip 51
Mini-Gratins mit Porree und Mais 46
Mini-Pizza aus Kartoffelteig 47
Mini-Pizza Napoli 38
Mozzarella-Spieße, kleine 48

O
Oliven-Kugeln mit Pecorino 62
Oliven-Serrano-Häppchen 22

P
Paprika-Schnecken 56
Pesto-Schnecken 58
Pesto-Stockbrote 43
Pfannkuchen-Röllchen mit Räucherlachs 50
Pilz-Bruschetta mit grünen Bohnen 34
Pizza-Taschen 57
Pumpernickel-Türmchen 25

R
Rucola-Röllchen mit Waldhonig 33

S
Salami-Mozzarella-Spieße 53
Sandwich-Türmchen 17
Schinken-Käse-Schnecken 65
Schnecken, herzhafte 64
Schnitten mit Roastbeef, schnelle 24
Schweinelende, fruchtige 23
Sesam-Käse-Sticks, panierte 31
Spargel-Bruschetta 41
Spinat-Schafskäse-Muffins 79

T
Toast-Röllchen mit Räucherlachs 20
Tomaten mit Pinienkern-Creme 28
Tortilla-Wraps mit Rindfleisch-
  Gemüse-Füllung 16

V
Vanille-Bällchen 82

W
Walnuss-Hörnchen 81
Würstchen im Schlafrock 73

Z
Zucchini-Hack-Röllchen 67
Zwerg-Mützen 66

© 2011 SAMMÜLLER KREATIV GmbH

Genehmigte Lizenzausgabe
EDITION XXL GmbH
Fränkisch-Crumbach 2011
www.edition-xxl.de

Idee und Projektleitung: Sonja Sammüller
Layout, Satz und Umschlaggestaltung:
SAMMÜLLER KREATIV GmbH

ISBN (13) 978-3-89736-161-4
ISBN (10) 3-89736-161-2

Der Inhalt dieses Buches wurde von Autor und
Verlag sorgfältig erwogen und geprüft. Es kann
keine Haftung für Personen-, Sach- und/oder
Vermögensschäden übernommen werden.

Kein Teil dieses Werkes darf ohne schriftliche
Einwilligung des Verlages in irgendeiner Form
(inkl. Fotokopien, Mikroverfilmung oder anderer
Verfahren) reproduziert oder unter Verwendung
elektronischer oder mechanischer Systeme
verarbeitet, vervielfältigt oder verbreitet werden.

Bildnachweis

Wir danken folgenden Firmen für ihre freundliche
Unterstützung:
Aurora 42, 43, 44, 54, 69
G. Poggenpohl, Wismar 23, 49
Peter Kölln KGaA, Elmshorn 47, 61, 76
The Food Professionals Köhnen AG, Sprockhövel
– Café Condito 58, 59, 70, 71
– Fuchs 20, 27, 36, 55
– Grafschafter 29
– Goldpuder 68, 72
– Henglein 66
– Koopmans 83
– Leerdammer 18, 19, 21, 39, 46
– Original Wein's 65, 77
– Ostmann 16, 32, 38, 82
Unilever Deutschland GmbH, Hamburg
– Becel 26
– Bertolli 53, 62, 63
– Brunch 25, 28, 45
– Du darfst 51, 75
– Lätta 17, 22, 24, 33
– Knorr 34, 35, 50, 56, 67, 73, 78
– Pfanni 30
– Rama 31, 37, 41, 74, 80
– Sanella 40, 57, 60, 64, 79, 81
Wirths PR GmbH, Fischach
– Zottarella 48, 52

Shutterstock:
– AISPIX 10 o. r.
– barbaradudzinska 13 o. r.
– Elke Dennis 10 u. r.
– Freddy Eliasson 14 m. r.
– IngridHS 10 m. l.
– Ivaschenko Roman 15 u. r.
– Jaimie Duplass 15 m. l.
– Jiri Hera 14 m. l.
– Lilyana Vynogradova 13 u. r.
– matka_Wariatka 6–7
– Monkey Business Images 12 u. r.
– Peter zijlstra 14 u. l.
– Robyn Mackenzie 9
– Roman Pyshchyk 15 o. r.
– Teresa Kasprzycka 11 u. l.
– Tobik 12 m. l.
– Torok-Bognar Renata 11 u. r.
– Viktor1 14 u. r.
– Yeko Photo Studio 15 o. r.